謹以此書獻給

我最親愛的家人

及

所有關心我的朋友們

祝福大家

火鳥

Phoenix

高凌風——著

高凌風自傳

Preface自序

此書是把我治療癌症的過程，完整地記錄下來，順便也對自己的人生做個反省和檢討。

從進醫院第一天就有寫書的想法。好笑的是「血癌」對我而言好像是假的一樣，因為若血癌對我有影響，為什麼我可以寫完此書，而人還好好的呢？為什麼血癌不折磨我，讓我根本無法參與寫作呢？

每個人當面臨死亡時，有認為虛假的、有自我想像的，也有真實經歷的！我會是哪一種？當二〇一三年八月二十四日，家人請了救護車送我進急診室後，我確定是真的接近了死亡。

我有千言萬語想與你們訴說，因此我決定要由采舍國際集團旗下的雲國際出版社，為我發行出版此書，我非常謝謝王寶玲董事長和張朝雄總編的遠見和心胸，給了我一個留下個人思維的珍貴機會。

嚴格說，我進娛樂圈除了愛唱、愛玩，是標準的享樂主義之外，我的意識形態是叛逆的、是求新求變的，從第一張唱片《大眼睛》的吉他搖滾編曲，到《姑娘酒窩》、《泡菜》的離經叛道（當時保守人士對我的評語），我好像總是想「與眾不同」。

這就是我，永遠想與眾不同的高凌風，有好日子不過，要去開酒店，結果酒店關了又去鬧阿扁和選議員，無路可走後，又回去模仿星雲法師、張俊雄院長等人，好不容易重頭來過，原想到在安定婚姻中結束人生的我，竟又要面臨失婚、倒債、血癌的三大新挑戰。

「人不會死，快樂告別」，是我對生命最美的發現，你或許還沒領悟到，但我相信你終究會明白我現在的心，就像我高凌風曾唱過的：「我說不一樣，他就是不一樣。」

Contents目錄

Contents目錄

Chapter 8

忍耐　145

Chapter 9

冬天裡的一把火　165

後記　186

Chapter 1
燃燒吧！火鳥

作詞：瓊瑤　作曲：黃仁清

如果你是一隻火鳥
我一定是那火苗　把你燃燒把你燃燒

如果你是一隻火鳥
我一定是那火苗　把你圍繞把你圍繞

如果你是那火鳥
我一定是那火苗　把你照耀把你擁抱

燃燒吧　燃燒吧！火鳥

燃燒吧　燃燒吧！火鳥

直到天長直到地老

燃燒吧　燃燒吧！火鳥

面對恐懼

從進來醫院第一天，我就告訴自己，只要有三成存活率，也就是一百人若有三十人，可活下去，我堅信自己就是那前三十名。

我便便了！喂！有點水準，這是什麼文章！第一句話就便便！如何教育下一代？何況這種事不但不雅，而且人人皆會，有何強調之理？沒錯，是不稀奇，但我仍然覺得有趣。因為我不是在家裡，也不是在戲院的洗手間，更不是在公共廁所，而是在我住院的榮總。每日例行公事，出來散步（每日運動保持體力，對抗病魔的強身自愛行為）；我每天選擇吃完中飯後，或下午四點左右晚餐前，出去走四十分鐘；一來打發時間，二來不要整天躺在病床上，屁股都痠痛了，更重要的是要維持好心情、好體力，作為迎戰癌症的關鍵基礎。

我何許人，從進來醫院第一天，我就告訴自己，只要有三成存活率，也就是一百人若有三十人，可活下去，我堅信自己就是那前三十名。老的我不怕，年輕的我不再乎，因為我對癌症並沒有恐懼，何況我是「反敗為勝」的講師，一個區區癌症想嚇我，還早呢！但真的不妙！因為在我例行散步返回病房的路上，竟忍不住腸胃亂咕嚕，肛門也不爭氣，忍、忍、忍，就是忍不住，大便直接在行進中就不由自主、肆無忌憚地如洪水般，劈哩啪啦的拉了一褲子。

我有記憶力以來從未發生過這種事，邊走邊感覺大腿內側及臀部中間，那既軟濕又噁心的穢物，但總歸我是藝人，也演過「一夜台北」的老大，所以我臉上沒有太多表情，何況我裡面穿的是大號的紙尿褲（早有防範），所以應該會被全部接住了，可是這次量大，會不會從旁邊漏出來？因為我從未研究過紙尿褲的「蕾絲邊」，是否與大腿密合而無懈可漏。總之，加快腳步，返回榮總長青樓四樓五號病房，方為上策。回房後，我快速清洗了一切，乾淨地坐在床上，心裡卻開始有一點恐慌，因為化療使我已完全無法控制大小便。

這一天是二〇一三年一月十七日，第三次化療的第四天，沒關係，再過五天就是二十二號，我將第七次抽骨髓作檢驗報告，只要化療能將壞癌細胞殺光，甚至新生的芽細胞，只要是好的，那代表所有的癌細胞，經過高單位藥劑重砲轟擊，這些恐怖份子（癌細胞）已被我們殺光，那人體陪葬一些好細胞，或五臟六腑受點小傷，也不算什麼？重點是最後我挺住了，而且還能活下來了。「化療」真是一個奇怪的治療方式，為了身上長了幾個所謂的「芽細胞」的癌細胞，醫生就拚命要把它們殺掉，據說要殺到剩百分之五以下才算成功。

我第一次七天化療用了很強大的化學藥劑，但是沒有成功，因為聽醫生說芽細胞還剩下百分之二十，所以第一次化療失敗，我和助理趙小姐（以前在「陳安之成功學」，上課時認識的）她是一名認真而優秀的新光保險員，也是韓國華僑，國語講得不清楚，但是她的熱心、善良，已彌補了一切。也正因她長年做我們的保險顧問，所以這次就請她當我的臨時看護，同時辦理癌症理賠事項。人生真是事事難料，當時她僅是為我做保險工作的一個普通業務員，現在卻每天陪我與死神搏鬥；更重要的，她見證了一切，並成了我最佳的傾聽者！因為她要幫我過濾來往客人及所有關心朋友的電話，我頭髮掉了，我沒有食慾，我一天上了兩次廁所，我要看甄環傳，我想吃什麼，我的一切都在她的眼簾中。她每天早上十點前來，帶兩份報紙（蘋果、中時），晚上十點前離開，其實滿辛苦，但很快地，她好像也融入了我的生活，每天忙得不亦樂乎。

當我倆聽到第一次化療失敗時，我們不知所措。因為好友吳醫生已把汽車停在樓下，而趙小姐也已把皮箱整理好了，我們正高高興興地準備回家，那天是十二月八號已住院兩週，是最想回家去的時候，在我們感無奈與失望的時候，我立刻轉念；我是樂觀的，我願接受一切發生的事，我要要維持心情平靜愉快，才能打贏這場抗癌之戰。我立刻回答主任醫生：「OK，那我們該怎麼辦？」主任：「不能回家，很抱歉，我們準備做第二次化療，但我們方法會改變，而且劑量會比較輕，但是我們用三星期的時間來對抗癌細胞，劑量雖輕，但時間長，我們仍然可以把敵人打敗。」

我只問一個問題：「會比第一次痛苦難熬嗎？」曾主任：「放心，沒問題的！」我接著問；「那幹細胞移植，我姊姊能給我嗎？」曾主任：「你姊姊幾歲了？」我說：「六十五。」曾主任：「太老了，六十歲以上我們完全不考慮。」接著主任告訴我：「現在不要想這些，我們先把目前的狀況處理好，一步一步來。」有道理！第一期的「誘導型」沒過關，後面還有兩次「鞏固型」化療，成功後再看當時情況，是要尋找合適的骨髓移植，或由自己本身的幹細胞做「自體移植」皆可，但我直覺，我身體很好，主任可能考慮用我身上的「自體移植手術」。哇！太棒了，因為用別人的，一、兩年後可能會排斥作用，癌症不但會復發，而且九成會送命，所以我用自己的細胞，比較安全的，希望就此邁向抗癌成功之路。想著想著，又開始準備第二次化療。

投資被騙

生命對我而言，本來就已經有點沒新鮮感，但活著對我而言，仍然還有些樂趣及期待。

住院期間，問候電話、希望探訪我的朋友很多，要來的朋友都滿夠意思，一定會提到：「需要什麼？想吃什麼？沒關係，很方便！只要你說，我們幫你帶來！」哇！太溫馨了。

另一件最常發生的事情，就是令人感動的「宗教情懷」，一位過去在杭州認識的小美女，竟託我的超級粉絲經紀人黎宛欣小姐，從上海帶來給我「觀世音」的聖像，及在中國電台非常受重視的「心法書籍」，書裡記載著人為何會生重病及業力現前（也就是結果報應，顯現之意），當前世今世之冤親債主同時討債時，形如火山爆發一般，任何人都難逃死劫，而此時該如何處理面對的大劫難？內容確實是太吸人了，因為此刻的我，就是面對此一劫難。書上說：「要唸經！要唸《大悲咒》，一開始一天七次或九次，漸進式，一天要唸四十九次，然後要迴向給所有冤親債主，及祈求觀世音菩薩給我健康的身體。當然此時更要下大願，此願望不但要大，而且要清楚說明「身體好了以後，要行功立德，宣揚佛法，為眾生服務。」「我願意！我願意！」我心在吶喊！只要身體能好，我百分百願意。

書上繼續寫到要「買小房子」及每唸一次經文要記點，然後還有一些宗教儀式，因為我不懂，就沒進行，但每天要唸《大悲咒》及《心經》，確實我只要起床後，都盡量唸三或七次不等的功課。我覺得很怪，自己似乎沒有慧根，經文上許多不認識的字，且總好像無法理解經文的內容，更沒有耐心唸《地藏王本願經》，真的太長、又太難懂。許多關心我的醫生好友，或曾得癌但現在抗癌成功的好友們，都再三告誡我念經文的力量，足以讓我從死神中回來，我完全相信，但又半吊子的「盡力而為」，憑良心說，我差太遠了，我就是無法專心「唸經」。此時，一位好友及他長年的工作搭檔（紅粉知己）來探望我，對我充滿了同情與關懷，因為這位宋處長，是我過去最快樂的酒友，也是工作合作的夥伴。

當年他的公司是台灣赫赫有名的新聯陽建設公司，而他的祕書小姐，人不但漂亮，水汪汪的眼睛，充滿智慧，工作能力強，更重要的是她溫柔的女人心，每個男人看到她，都會情不自禁多看她兩眼。記得他做建築業在十幾年前就非常的風光，當時安排我、和胡瓜、陽帆、……等四大天王到他基隆工地剪綵，一剪子下去就是幾百萬，他真是我的好兄弟，我們不但天天喝酒，而且他的身邊好友，也都和我做成了知己，夜夜笙歌，不亦樂乎，當年選市議員，他也是我的贊助商，太夠意思了。

此時此景，他看到我在化療後稀鬆的頭髮，無力的談話，他告訴我，他和祕書，每天會幫我祈禱祝福，內容很簡單，而且有效，內容字數不多。哇！太棒了，總共不到二十個字，這是一間日本廟宇的平安符咒詞，我聽他說，非常靈驗，所以我也開始，每天有空就唸幾遍，日本神我完全不熟，但要活命，多唸一點「平安祝福語」應該有百利而無一害，更何況這比什麼《金剛經》、《地藏王菩薩本願經》，簡單太多，何樂不為。

從住院第一天起，我就很樂觀，也完全沒有恐懼的感覺，我最常做的事就是反省、懺悔、及準備後事。因為基本上人皆會死，我好像很想得開。其實在這次生病前，我的腦海中常浮現一種畫面——我感覺活著，但卻好像愈來愈無趣。以去酒店為例。我到酒店去喝酒，一些坐檯的小姐進場，我喝得無聊，而且沒勁，以前的興奮豪情竟然完全沒有，再不然到各地登台、演講，也是行屍走肉，因為這一切都太熟悉了，工作沒有任何挑戰；內地市場，說我有一片江山也可以，說我不夠紅，我也同意，因為金字塔的演藝地位，從李連杰、成龍、劉德華、葛優，到孟飛、金城武、F4、齊秦、周杰倫、汪函、劉歡、郭富城、費玉清……太多太多，那個不比我火？一個劉謙，當年在一起玩，現在是什麼行情？

唉！從來不嘆氣的我，都覺得我再拚，也真有「時不我予」的感覺。想當年，鄧麗君台灣女歌星最高價碼，男歌星則是高凌風，我的廣告代言價與鄧麗君、旅日巨星歐陽菲菲（「熱情沙漠」原唱人），是一模一樣，當年八〇年代，他們叫價台幣三十萬一次，我竟叫價到代言「蔡衍明」董事長的「浪味牛腱絲」一次就六十萬元，如果以物價指數來算，等於現在的一千兩百萬，不能說最高，也算在浪頭上。

於是我內心開始思考，我這樣一日復一日的工作，其實只是一個沒有靈魂的機器，也就是在未來的人生，我只是重複地在做我熟悉的事情，生命對我已不再重要，沒有挑戰，沒有新鮮感。當我和寶弟聊人生時，他好像似懂非懂，每日依然我行我素，而我卻又不願多責怪他，因為當年多少阿姨叔叔伯伯，見到我都千篇一律說一句話：「高凌風趁年輕時，多賺點錢存起來，以後老了，跳不動了，就可安心享受了，不必為錢奔波，懂嗎？」我說：「放心，很多叔叔都提過，我一定會小心的。」可是我不但民國六十八年在台中鴻賓飯店發生豪賭案，一晚上輸了八百萬，並上了社會版頭條。想想三十五年前的八百萬等於現在上億的價值，這是什麼天方夜譚！更離譜的是，我前年十一月二十七日還將自己存的一些老本「六百五十萬人民幣」，交給廈門一位八零年後的董事長（小吳），讓他替我合作經營，每月保證兩分利息以上的金融投資事業。他父親是黨書記，又聽我朋友說：「他在廈門很有實力的。」

更讓我興奮的是他答應在大陸辦五十三場演唱會，要贏過李宗盛、羅大佑、周華健、張震嶽的巡迴演唱五十二場的紀錄。我對小吳說：「我對內地八〇年代後的年輕人充滿了期待與佩服，魄力如此之大！」他說：「大哥，目前我還與中央領導準備在福建外海拿一塊地下來，做高爾夫球場，而且房屋全是太陽能的，先拿三分之一的土地去蓋攝影棚，到時再變更成住宅區，甚至再變成商業用地，以後開發初期做完後，我們可跟當地政府合作，再向銀行貸款，那時我們就擄有一個像三亞一樣的島嶼，做觀光、文創事業之用。」小吳繼續說道；「最近我聽到北京，中央領導一直覺得中國必然走向最強大之大國，軍事、經濟、政治，都在領先，但百姓人文素質有待加強，所以文創事業，不但要加強，而且全力支持，銀行可以貸款。像目前房地產，政府不鼓勵，即使拿三倍價值的土地，可是銀行錢就是下不來！」聽他一說，我立馬回答：「我有個老師叫『林偉賢』，他現在在山東正在做造鎮計畫，而且全是太陽能打造出的新興城市，他人很好，又愛做慈善事業，目前我和他合作，每個月有兩場演講，所以到時候可和林老師合作。」

想著想著，我已成為福建外海新開發島嶼的島主了，夢想苦了那麼多年，現在竟有福分與八〇後中國官二代合夥開發事業，對台灣人而言既有面子，又有裡子，只能說我就是有運、有命，發了，哈哈！但萬萬沒有想到，好夢方酣又驚醒，才不到三個月，就在去年二〇一二年二月二十八日我生日當天，也就是我和我太太小金決定是否分手、離婚或維持婚姻的同時，這位小吳董事長，竟告訴我，我投資的六百五十萬人民幣已賠光了，現在家中有些首飾，先拿給我抵押，以後有錢再還給我。

生命對我而言，就已經有點沒新鮮感，但活著對我而言，仍然還有些樂趣及期待的，特別是現在的三個孩子。大女兒阿寶漂亮又有點個性，兒子寶弟可承我衣缽，看他愈來愈帥，又有女人緣，我好像非常享受他的成就感，更有趣的是我的小女兒九歲而已，但最會撒嬌，那紅紅的臉蛋，不太愛說話，又害羞的個性，我真愛死她了。我多想看到她長大，牽著她的手把她交給另外一位愛她的男人，這樣我的人生才算是完美，當生命結束時才有死而無憾的感覺。

現在這一刻，我應該是被雷打到了，我完全無法接受小吳董事長及他太太在我面前的認錯及還錢方法。小吳的老婆告訴我，她這輩子，無論前世今生她都愛她先生，她會協助他償還這些債務，絕不逃避，如果要死，她也無怨無悔！小吳董事長過去在我面前的穩重、霸氣，瞬間完全消失，他準備跪下來請我原諒：「大哥！放心這筆錢，我一定會還你的，只要你願意給我時間，我一定不會讓你失望的。」六百五十萬人民幣，等於三千萬新台幣，我竟然在六十二歲的老年歲月，就這樣輕易地拱手孝敬於人。

我在江湖打滾也快四十年了，什麼黑白道沒見過，當年自己很得意的一句話，就是「我罩子很亮」，對於任何一個在外跑的大老闆、小混混，在我面前，只要開口說兩句話，我就知道對方的底是什麼？中國大陸之大，每天我們要見多少不同的領導或企業家、各行各業的菁英、想打拚的年輕人，當然也包括講得一口好計畫，但明明就是馬扁（騙子）的角色。想在我面前弄點好處，門都沒有，我也教育兒子，貪嗔癡不可犯，母娘經文更是有交代：「往昔所造諸惡等，皆由無始貪嗔癡。」唉啊！嘆啊！我怎麼這麼驢、這麼笨、這麼糊塗？在此年紀，竟將一生最後的一筆現金，毫無防備交給一位認識不到兩個月的八〇年代後小朋友手上，現在自食惡果，竟無人可訴說，下半輩子生活如何面對？

當北京方面一場活動，給我二萬人民幣時，我如何點頭再去表演，大錢都沒了，小錢還有何意義？一切都太突然了，我真的要崩潰了，我第一次感到這是可能比失去金友莊更大的打擊，因為失去了老婆，再痛再難過可以再找女人，但失去了金錢，我真的就一無所有了，什麼年代，什麼景氣?何況最近每次上台,都有力不從心之感,我累了、老了、也唱不動了!當我不相信我的人民幣六百五十萬被騙光了,而又意識到這是一個永遠不能改變的事實以後,我幾乎無法再快樂地過每一天,因為我想不出甚麼藉口或理由,為自己的無知和愚蠢解套,我怨自己、恨自己,認為我哪還有資格站在台上,和同學或觀眾分享我的人生,若我們還年輕,可以失敗十次、一百次,反正倒了再站起來,但六十二歲倒了三千萬台幣,這些老本原夠我每個月狂花二十萬元,可以整整十三年不用工作,但就這麼輕易被騙了,我的腦袋、心智、靈魂,每天都逃不出這個惡夢,多希望一覺醒來僅是一場虛幻的夢境。

在二〇一二年二月份和小金剛離異後,有天從靜岡出門,開車下山的途中,到了第一個紅綠燈左轉上橋後,因為內心一直縈繞這令人心痛的失財事件,我的車突然往左打滑,又心慌地踩了油門,一時險象環生,所幸終於把方向盤打正,未釀成大禍,心想怎麼就這樣的恍神了呢?實在太可怕了,路邊就是山崖啊!

我不能死,我不能死,這不是高凌風的格局和心胸,我立刻清醒並告訴自己必須振作,我不能再陷於「失去了甚麼」的思維,而應轉換成「還擁有甚麼」的態度。哇!仔細一想,還真多呢!我有六個可愛的孩子,三個已獨立自主,另三個在我身邊,有空就該好好享受天倫之樂吧!無價、無價，真的無價。就在見小吳董事長夫婦的第二天，我參加海昌眼鏡公司的尾牙秀，我竟被安排唱蔡依林後面，壓軸演出，我從上台第一分鐘開始到結尾，我的聲音完全沙啞，而且不知所云，我徹底病倒了，魂也沒了，一種生不如死的痛苦開始纏繞著我，高凌風，走向了一條黑暗、絕望的無底洞，「天要毀我嗎？」我怎麼會走到這一步！內心的痛苦已非言語，可以形容。「我是反敗為勝的講師，我要正面思考……」這一些屁話，一點用都沒有，我知道，下一步死神將會降臨。

衝破極限

當你挑戰極限的同時，極限也挑戰你。

教育下一代，對我而言，是非常重要且積極的一門課，因為我們會走到這一步，總會時常想起當年父母的教育方式，所以有時候我們感念父母，有時又怪父母為何不把我送到國外，讓我能把英文練得更好，總之我們一生受父母言行的影響真的很大。前段時間發現韓國用電視教育全國民眾要有國際觀，並且利用電視劇，去發揚韓國的歷史文化及愛國情操，並成功地把韓劇推到世界各地，讓韓國人走到世界各地均以身為韓國人自豪。

不錯！因為韓國電視台幾乎是國營，或一半以上為官方持股的電視台，所以不必以商業為主，而可以顧及全國人民利益而製作良好的優質節目。然而台灣多半以商業為主，再加上兩黨惡鬥，所以晚上都是名嘴在以藍綠為主，為反對而反對的一些無意義及對下一代沒有營養的談話性節目，但因製作費少，加上名嘴只說不唱，價錢也較綜藝節目便宜，就每天因陋就簡做些終日充滿仇恨發洩情緒的節目，也讓一些有台獨或統一情結的人消消氣。可是下一代是可憐的，他們看不到好節目，於是全部上網路、去網咖、或戲院、書店、卡拉OK，去找他們自己的夢想和人生。

而我教育孩子的方法，既然無法學韓國用好的電視節目去教育小孩，我選擇了用電影去教育下一代，所以很多電影我都先去看過，再選對小孩有益的電影給小朋友看，哪怕電影裡面有性愛、吸毒、小孩不宜的電影，但我可藉電影告訴小孩，看到很多年輕人在成功、成名後享受美酒、跑車及搖滾樂、嘻哈舞蹈，接著就是酗酒、毒品，最後就是走向死亡。小孩從此潛意識就知道，這些他們必然會面對的好奇及戀愛的浪漫生命過程，後面其實是有很大的誘惑及危險，所以他們開始要學會自律，學會看到大家都在high大麻時，你必須說：「NO！」喝酒不開車，喝酒狂歡的後遺症，如頭痛、胃痛、拉肚子、肝不好，都在孩子的成長過程中，提早告訴他們。

記得我讀高一時因為打架，被學校退學，當時有兩個選擇：一是送去一間「太保學校」，讓我自生自滅，但至少有個學校讀，父母就不必再煩心了；另外一個選擇就是我父親要親自把我帶在身邊，然後找家教到家裡，教我數學、國文，等半年後，重新考插班生，再重返學校。當時我母親對我失望，希望把我丟到太保學校去，眼不見為淨，但爸爸堅持要把我帶在身邊，請他的教官朋友，到家中私下教導我。結果我考上了南部左營高中二年級，接著高三又考到岡山中學，畢業後順利考上文化大學英文系，才開始我的合唱團夢想。接著認識了瓊瑤，也才有「大眼睛」這首歌曲的專輯出版，更改變了我的一生。從這個小故事看出，我和父親的感情當然很好，當我剛賺到第一桶金時，買了一部黃色的跑車，爸爸大腸癌住院，他答應我，只要出院，一定坐我的跑車，讓我帶他去兜風。但是他除了看那部車一眼外，就再也沒出院了。接下來聯合報著名記者陳常華女士，因為喪父，與我有同樣的哀痛寫了「牽不到你的手」這首歌詞，由我主唱，收錄在我的專輯裡面。

回憶爸爸走的那年，他五十六歲，沒想到我六十三歲，竟然走到他離世時相同的醫院「台北榮民總醫院」，此時的我，對父親的思念，其實更甚於三十七年前他離開我的時刻。因為父親的堅持，我才有精彩的人生，我能對兒子寶弟能不謹慎規劃嗎？雖然兒孫自有兒孫福，小孩最後都會走他們自己的路，我也無需過度關心，否則愛之卻足以害之，可是未成年時，我有絕對的責任和義務給他最正確的觀念。

二〇一二年十一月十三日，我還是和以前一樣選了一部電影「衝破極限」，作為對寶弟的教育影片，我和寶弟是看晚上十點半那一場，但到十二點二十分左右，我全身發抖，寶弟聰明地把他衣服給我穿上，但我還是怕冷，所以我把寶弟的手擋在我胸前，因為他的手臂粗又溫暖，但此刻的我發現，我真的不能再停留在戲院裡面，電影只剩五分鐘就結束了，我知道結局是最好看的，我不能把寶弟帶走。

結局有一句話我很喜歡的詞，「當你挑戰極限的同時，極限也挑戰你。」所以結局是男主角十七歲成名，但二十二歲就因潛水而身亡。我要寶弟去體會人生未來的方向及目標，並同時了解做第一名的樂趣及背後可能付出的代價。

化療的痛苦

我不斷告訴自己，如果有一天，我也罹癌，我就不要說這種話，我要瀟灑一點。

電影還沒結束，我告知寶弟：「爸爸先去開車，你看完後到樓下出口，找爸爸的車。」說完我立刻衝到樓下，沒想到我呼吸也突然加速，我不可能去開車，我叫了一部計程車立刻奔向最近的國泰醫院急診室，我發了短訊告訴寶弟我在國泰醫院，二十分鐘後，我見到了寶弟。

當我再見到他時，他呆呆地坐在我的面前，無辜茫然地看著我，那已經是第二天早上八點鐘了，沒錯！寶弟守了一夜看著我，而我昏迷過去，被輸了五百CC血漿的事，我當然完全不知道，但寶弟卻守在病房看著這一切。我聽主任醫生說，我得了敗血症。我說：「明天我要到金門演唱，主辦單位說：『高大哥，宣傳都做了，你人到坐著唱也可以。』」我問主任：「我可以去金門唱嗎？」他平和地告訴我：「此時情況不宜外出。」希望我找人代替。當天正好鄭進一到醫院來看我，我就請「阿義」幫個忙，幫我演出，心中想：「這是什麼病？為何不讓我去賺錢？」等到好友蔡合城董事長，及更多朋友到醫院來看我，才知道我所得的敗血症，學名叫「血癌」也就是「急性骨髓白血症」，是非常可怕難醫好的病，當年首富郭台銘的弟弟就是血癌而喪失寶貴的生命。

這時的我，非常奇怪，我不但沒有恐懼，反而高興有新挑戰而莫名的平靜。可能前妻小金的離去，我在大陸錢被騙光，媒體對我及小金的一些負面報導，已讓我全身無力了。此刻來個血癌，反而讓我突然覺得一切不重要了，我只需面對一件事情，就是死亡或活下去！生命真是太奇妙了，我好像五年前就預感會有這一天。我常常想起香港音樂大師黃霑的一段話，大概就是他六十二歲左右（記不清楚了），突然得到癌症，他說：「以前看到朋友得癌走了，沒想到今天會輪到我！」所以我印象很深，我不斷告訴自己，如果有一天，我也罹癌，我就不要說這種話，我要瀟灑一點，所以我說：「癌症只是一個名稱，我的人生已很豐富。」哈哈！對於突然得癌，基本上，我心理建設是OK的。此時報紙上報導我，甚麼「拒絕西醫，又重返榮總化療，現在又拒絕化療，逃出榮總……」。

於是我就寫下我的化療心得，也同時讓我回憶快樂難忘的唱歌生涯、秀場文化，當然因為我在懺悔，及傾聽母娘的指示，所以我想離開西醫化療或選擇中國醫學，只是一場賭命秀。早期八〇年代，我就做過一場「賭命秀」，老闆是楊登魁，我唱到第三天時，我的助理身上帶槍被抓走了，當然警方立刻知道槍枝是我提供的，所以我連夜逃離高雄藍寶石歌廳，一場「賭命秀」（因為當時南下唱歌，有黑道要殺我，所以稱為賭命秀）變成了「逃命秀」。記得楊董登魁的夫人一直在找我，因為我唱了三天，他們要把三天酬勞給我，可能知道，我跑路一定更需要錢，這也是楊董在娛樂圈這麼多年，每個藝人都念念不忘他恩情的點點滴滴吧！「賭命秀」，對了，這個名稱有點辣，又有點自嘲，不是嗎？人生一場秀，只是這次賭的是西醫化療還是中國醫藥，籌碼就是自己的命。

不錯！雖然我現在這場「賭命秀」還沒輸贏，也沒什麼特別的賣點，但仔細想想，若我能贏，則千千萬萬在受化療之苦的人及他的家庭，是不是都可看到一線曙光或多種選擇，我們不必再受化療之苦，因為化療是違反自然法則的，為何一定要殺死癌細胞呢？當你在殺癌細胞的同時，你身上的好細胞也被殺，身上五臟六腑，受到大量藥物的所謂治療，其實你的腎臟、胃、脾、大腸、小腸，人體內部因大量藥物而損傷，癌症不曾奪你生命，而是化療引起器官衰竭、感染而死！我們是不是請冷靜重新思考，為何我們一定要化療，癌症這恐怖而嚇人的名稱是誰取的？早期醫學數據說是癌症就近乎是絕症，這數據的意義何在？今天數據如此，請問過兩天心情好一點，睡眠好一點，數據是否會變呢？為何一定要那麼相信及信賴數據上的數字呢？不是聽說：日本活到百歲以上的金婆婆、銀婆婆，從來不知道要檢查身體，等活到百歲以上，大家想了解她們長壽的祕訣時，在她們身亡後，將身體解剖開，發現她們身體內有大量不同的各種腫瘤，就因為她們不知道去體檢，所以這些癌細胞，對她們而言，是沒有什麼意義的，當然她們心情也一直很好的。

像現在太多人，一聽到自己罹癌後，就像被判了死刑一樣，每天開始抗癌，心理、生理，都受到很大而莫名的恐慌，這樣身體很快就會垮下去，因為人一定是被心理、生理影響的，這樣的西醫化療文化，當然癌症死亡率會直線上升，我何其無辜，也來參一咖，無論結局如何，今天是二月十九號，我出院拒絕化療的第十九天，我可預見，我會打贏這場血癌之戰，因為道理很簡單，當你看到這本書的時候，我一定已接受了血液的檢查，正確的數字報告，將證明中國醫學，可以讓我健康的活下去。身體好壞不是靠每天祈禱、唸經、化療，太多因恐懼而產生的謙卑行為，而應該仔細了解你生病的病因，也就是源頭，再從源頭找到疏解的方法，包括食物、經絡、身體免疫的提升，當然我不是醫生，但如果你真有任何信仰，你就跟著你最真實的信仰，請你的神給你信心和方向，我相信，你會找到你的方向，千萬不要為了活下去，而改變你心中的神，那對你而言，應該幫助是有限的。

記得我在第三期化療時，兒子寶弟準備受洗成為基督徒，我為他走進上帝的懷抱而高興，他說：「爸爸，過幾天我會帶著牧師，及一些教友，來為你祈禱！」我真的開心，感到無比的溫暖、及安慰，但我婉轉地拒絕了兒子的好意，我永遠感謝這些可愛、而又有善良心地的教友們真心為我祈禱，但我更不能忘了我是母娘的契子，我受的是母娘的指示進來化療，所以時間到了，母娘自會安排我的下一步！所以可以明白地說：「時候到了，你連祈禱的時間都來不及，就到天堂了。」還有三次化療失敗，還在家中寫作，母娘當然自有安排，這就是信念！這就是力量，你相信嗎？二〇一二年十二月十二號，那麼多十二應該是個好日子，但在我拿著簡易型錄音機的內容發現，這是我第二次化療的第五天，我的身體不如我想像的堅強，耳根嗡嗡出聲，並感到疼痛，喉嚨痛又在不停地咳嗽，頭部更感到陣痛，牙齦感到不適，而牙齒及肉之間已裂開，所以我吃肉時感到肉屑會塞到我的裂縫內，所以只能吃點軟軟的稀飯。今天已上了四次廁所，人沒有力氣，更難過的是我從肛門口開始，整個下盤都感到疼痛，我告訴自己，這場血癌之戰，要恭敬、要謙卑、要懺悔地打下去，但我內心深處卻不斷地告訴自己，我有百分之一千萬的信念，我會活下去，但我要低調。這是一個有趣的問題！為什麼我一直要謙卑？要懺悔？要低調？

因為此刻的我，在我內心深處，我深深相信，來取我命的是死神，因為死亡之神，最後有一個「神」字，我豈敢不恭敬，可是我內心又想必贏的信念，所以我變成怪裡怪氣的調調，又有信念，又不敢說出來。不錯，這就是恐懼！因為我知道我還是太渺小，太頹廢脆弱，二十天的化療，已經把我「化」的叫「不敢了」，所以我不停地在懺悔、在反省，自認為自己業力現前，做了很多壞事，可是我皈依佛門二十幾年了，成為母娘契子也有十年了，這些年來，我深知「因果」報應的道理。我又在演藝圈，我哪有做過什麼缺德之事，讓我不禁想到生命是否都該勇於體驗世間那麼多的憂傷與歡樂，包括疾病和青春的消逝，顯然這樣才算豐富生命。

這次生病，來看我的朋友，確實讓我有點安慰，因為這就叫人緣，也就是所謂的做人。而且我還有個最妙的發現，那就是越是大老闆越是細心，旺旺集團總裁蔡董，不但親自安排私人秘書領路，讓他成功避開狗仔隊，只為了親自送最實用的「水神」，到我這個最多病毒的醫院房間，讓我周遭的空氣得以完全淨化。蔡董與我聊了許久，怕我不能工作，經濟會有困難，硬是準備一大包紅包要我收下，經我解釋後，他才理解，我原來還是有點「底」的藝人，經濟上的準備我都已經安排好了。朋友，為何在此刻會讓我有特多的感觸呢？正所謂「擺盪識忠臣，患難見真情」，當我遇到挫折時，才能深深體會發現自己的這些江湖知音了。王偉忠是超級經紀人，但他的到訪給了我很多鼓勵，他覺得我一生都在fighting，哈!不錯，我最後還要跟病魔fighting一場，他沒說太多話，只淡淡說了:「兒孫自有兒孫福。」他要我對寶弟的事要放心，我還能說甚麼呢，他的娛樂界智慧，我只需要享受他的話語及遠見。我對寶弟放心了，也謝謝他了解我心中的石頭，讓我繼續fighting下去……那就應該從一九八四年說起！這樣才活得有血有肉，才是一個真正的人。

Chapter 2

姑娘的酒窩

作詞：周燕蘭　作曲：岳勳

笑笑　笑笑　姑娘的酒窩　笑笑

鄉下的農舍有位姑娘長的俏

她有位情郎住在對面半山腰

園裡的香蕉樹上結滿了香蕉

姑娘嘛想起豐收酒窩更美妙

遠遠地傳來一陣歡欣的歌謠

蘿蘿的香蕉推的像山一樣高

情郎他賣了香蕉要請大花轎

嘿妹娘嗎想起佳期酒窩更美妙

婚姻

我這老江湖，以為萬事皆在我神料的手中時，一個個難以承受的大災難，就靜靜悄悄地降臨到我的身上。

一九八四年因為帶槍演出，而入獄坐牢三個多月，再回到華視，長官對我非常禮遇，因為大家都知道，在那個時代裡面，我們藝人都被黑道圍繞著，就如「刀俎之肉」，人為刀俎我為魚肉，藝人表面光鮮，但確實有太多太多的無奈。記得當時中國時報訪問我，我竟提出「三殺」理論，就是若我繼續在演藝圈工作，我的下場是「被殺」或我去「殺人」，最後「自殺」！

媽媽咪啊！也太悲觀了吧！但不可否認前面兩項都實現了，當然第二項殺人，我帶槍只是防身自衛，還沒有殺人就被捕了。所謂福禍相依，真是最好的兄弟，坐完牢，華視又請了大製作人王鈞給我製作了「歡樂奇兵」，我主持的一個月後，突然知道當天特別來賓有美國亞裔皇后來訪。

哈，真是興奮難忘的一天！見到亞裔皇后文潔，無疑我的生命將改變；她身材好，有著夏威夷浪漫膚色及一雙水汪汪的迷人眼神。我必須承認，整天以追美女為樂的我，毫無疑問，我已找到了新的目標，開始一連串的猛烈攻勢，約她出來吃飯、喝茶是小事，但麻煩在於她老媽總是寸步不離，我們真是無從下手。後來和製作單位研究最新戰略，我們節目乾脆出外景到台南去錄製，天高皇帝遠，也許我們在感情上能有所斬獲。

吉他手小平及老兄弟富哥說：「大哥，如果她母親下來，我就陪她，我犧牲色相，把她媽媽困住，你就可以放心前進攻擊了。」此時還有一大困擾，就是她姐姐Linda也寸步不離，好友楊忠民說：「哈子（我小名）她姐姐的事就交給我。」哈哈！果然我們到台南演出，文潔母親、姐姐真的一起南下，而我們也照計畫在消夜吃火鍋之時，出動所有的兄弟好友「圍事」，富哥把媽媽纏住後，忠民和姐姐聊天，我就專心和文潔獨處，那晚在化妝間的轉角，我吻了文潔，這應該是上一壘的好徵兆！

我的生命開始有了巨大的改變，我和文潔快速進入熱戀階段，我們開始一起表演，一起去海邊，一起唱歌、喝酒，我們不但談得來，生活上很多興趣也一樣，特別是海邊酷晒太陽，全身古銅色的皮膚，更是我倆的最愛，電視台開始找她演戲，我全省做秀，更是指定她是我的特別來賓。她在台上穿得格外性感，我的高調作風，讓喜歡我的朋友，覺得過癮，這就是男人，這就是人生；但對於討厭我的人而言，真是氣得牙癢癢的，天下竟有如此囂張的人，一切都明來明往，一點也不修飾遮掩。哈！這就是個性決定命運。演藝圈，若處處含蓄，你認為觀眾就會買單嗎？未必！所以我的秀場，就是無往不利，票房的保證，八〇年代，誰請到我，誰賺錢，這沒什麼需要懷疑的。

就在此時，台視的製作人江吉雄想開一個節目，要請文潔去主持，而當時礙於「三台默契」，內容是「避免藝人拉抬身價」，三家電視台，私下不得挖角，或聘請「非本台之藝人演出」，換句話說，文潔若被定位在華視，就算華視沒有和她簽約，友台也不得邀約文潔去參加演出，這就叫作「三台默契」。當時我的演藝事業如日中天，周日晚上八點檔在我手上「鑽石舞台」，沒錯！就是胡瓜、鄭進一和我一起主持的。

所以我相信華視老總（吳寶華）會給我面子。「吳寶華」在軍中是官拜中將的一位慈祥長輩，在華視是真正的老大，記得當時我要做任何節目，副總林登飛，或葛姊（葛福鴻），都會安排我去見「寶公」就是吳寶華，經過幾次的見面，寶公對我這「當紅炸子蛙」印象也不錯。所以在一個晴空萬里，大好陽光的下午，我飛到了左營足球場去見我尊敬的「寶公」，寶公一定會給面子的。這天是香港明星足球隊來台灣的公益巡迴演出，他們在左營踢足球，而寶公當然是電視台重要的贊助者，所以在現場親臨指導，我找機會坐到「寶公」身邊，希望他老人家高抬貴手讓文潔到友台（台視）去主持節目，「寶公」一口就回絕了。當時我認為很沒面子，立刻決定聯合胡瓜、鄭進一，退出「鑽石舞台」，並且對外宣稱，退出歌壇，以示抗議。也希望藉此機會，讓文潔看看我的實力，及對她的忠心是多麼令人感動，所謂「一怒為紅顏」高凌風從此封口，這才是大俠的行徑，當然重點還是希望華視讓步，才能又顧面子兼顧裡子。

誰知人算不如天算，吳寶華完全不讓步，而胡瓜、鄭進一更沒把我這大哥的話放在心裡，第二天製作人郭建宏才跟我打招呼：「大哥為了大局，阿義及胡瓜先留下來頂一下節目。」我當然無所謂，心想我不在，節目還有人看嗎？世事難料，沒有高凌風的「鑽石舞台」，活得好好的，而胡瓜當年承諾我一起退出，直到今天，他已成演藝的大哥大，一晃快三十年了，還是沒退出，連他的女兒小禎都快變大姊大了。哈！造化弄人，以前身邊的小弟，現已坐擁億萬資產，在娛樂圈舉足輕重，而我現在血癌在身，想起往事歷歷，真是酸甜苦辣。

所幸，回憶讓我感到還是沒有虛度此生，所謂「各領風騷三十年」，曾經擁有，也就無憾。當然那時，我敢和華視嗆聲，也是「有所本」，並非無的放矢，我已在長安東路開了一家台北生意最好的夜總會（Penthouse閣樓夜總會）。每晚高朋滿座，那個年代的港星，梅艷芳、成龍、梁家輝、大衛魔術、林青霞，而台灣這邊，楊烈、陽帆、張瓊姿、黃仲崑，都是夜店常客。酒好、星更多，我和文潔是閣樓的活招牌，特殊的舞台及開天窗的獨特壯觀設計，吸引了八〇年代所有的年輕人，當時沒去過閣樓的人，那就是太遜太落伍了。

我和文潔過著空前瘋狂快樂的日子，每天都穿得花枝招展，而且夜夜party得令人開心，我們是世界上最幸福的一對！因為我們除了每天歡樂外，大量財富也進入了我們口袋，只是好景不常，我們的合夥人，李求銘因案被捕，我們的財務在沒有專人處理的情況下，很快進入了大危機，而我又發誓退出演藝圈，一怒為紅顏多帥的青蛙王子，為文潔而封口，這讓我不知如何是好！我失去了舞台，又失去了夜總會，財務危機，讓我得了憂鬱症。此時我們也有了小生命「葛曉潔」。

曉潔在美國八十八年八月三日在美國出生，她和她母親文潔是同一天生日，也是屬龍。當時，我和文潔去算命，算命說，如果是女生，對我不利，是男孩則較有助於我的身體。當時照完超音波，都肯定是男孩，誰知出生那一刻變成女生，我和文潔當時都被震住了。但曉潔就是可愛，一出生就是個小美人，我和文潔都很疼她，我也常常心中暗自責怪自己，若真迷信，這不是扼殺了一個小生命嗎？這也是後來我和小金有了第三胎「寶妹」時，我完全不敢考慮是否要拿掉小孩的原因，因為我知道能投胎到這世界，到我們家來，是一件美好又迷人的旅程，我們無權去做任何不智的舉動。這將會是我生命中動人的樂章。葛曉潔的到來，我的憂鬱症；使我無法從她幼年陪她長大。

沒有錢，又生病的日子，我和文潔從戀愛走向婚姻再走向分手，並沒有太長的時間，歲月匆匆，「曉潔」在她阿姨的照顧中成長，當我在失意中，慢慢重回舞台後，每次登台，特別是演唱會，我總期盼一位台下的特別嘉賓能出現，那不是別人，而是我失散十年以上的女兒「葛曉潔」。二〇一〇年三大難高音在上海演出，我的聲聲呼喚，讓女兒在美國即將大學畢業之時，聽到了我的聲音，她帶著她的好友兩人，從喬治亞州飛到上海看我演出。

記得在上海剛出機場的那一刻，她穿著一身黑白的洋裝，我無法相信我的眼睛，她是如此的吸引人，她身材比她母親還要好，笑起來時的嘴唇散出一份甜蜜和性感，我不敢去抱她，這真是我的女兒嗎？我除了小的時候和她抱抱以外，這十幾年在她十歲那年見過一面，我只記得，她好柔好柔的個性，講話很小聲，她會說：「Daddy」，就是輕輕地呼喚聲，我真慚愧，我完全沒有盡到做父親的責任，而現在我就要接收這樣美好的成果。我不能再想了，我開心地帶著她，走向了我的演唱會，而這樣父女重逢成了各家電視台非常感人的畫面，而更讓我覺得，老天對我太好了，人世最美最棒的事，全給我一個人佔盡了。若說還有什麼其它遺憾，才願離開這個世間，我真心地說：「沒有了」。

一個人，能有三個女人陪你走入婚姻，而子女，又個個健康美麗，特別是不曾照顧的三女兒還會回到身邊，我想，我真的不敢再對老天有任何奢望了。如果再有，可能就是懲罰的開始吧！因為，沒有人可以把天下好的果實吃盡的。高凌風太幸運也太幸福了，這對世間其他的人，太不公平了。果然不錯，在我享受這天倫之樂的同時，危機就慢慢地在滋長了，可是我這老江湖，以為萬事皆在我神料的手中時，一個個難以承受的大災難，就靜靜悄悄地降臨到我的身上。

小金外遇的眞相

我冷靜地掛了電話，我開始想，如果那是真的，小金讓我戴上綠帽，那我是最大的報應。

二〇一一年我不斷地在中國大陸各電視台出現，無論是當嘉賓也好，評審也好，我這種由點而線，由線而面的戰略，是我自己發明的，因為我相信一個台灣的大小面積人口，就可讓高凌風唱了三十六年，還有城鎮我不曾去演唱過，那麼相對的，我在內地多上電視，多讓不同地區的觀眾認識我，這是未來我演藝事業最大的籌碼，因為只要有知名度，就會有廠商找你演出。

所以我在北京、杭州、深圳、黑龍江，任何一個電視台有表演的機會，我都不放棄，何況此時，我已幫寶弟發行了他第一張專輯「冬天裡的第二把火」，如果內地請他，我更是「樂在心裡口難開」，看著十三歲大的寶弟能在舞台上如魚得水，心中既興奮又驕傲，有子傳衣缽，可能是每個父母最開心的事。看吧！我的幸福指數真的要破表了，我在北京演出，第二天一大早，趕飛機到湖南長沙和寶弟見面，因為他比我「牛」，他正在上湖南衛視的「天天向上」，這是中國收視非常高的綜藝節目，寶弟登上湖南衛視，無疑是他十七歲時可能成為中國的「小賈斯汀」，對我這望子成龍的老爸而言，該是人生另一個驚喜吧！哈哈！花無百日好，快樂的背後可能是痛苦的開始，但這次的痛苦，卻是讓我痛不欲生。

記得那是二〇一一年八月八日父親節的夜晚，寶弟上完節目我和他開心的閒聊著，我的電話突然響了，是台灣的記者朋友，他先問了一些無關痛癢的話題，突然他告訴我，心裡要做準備，我說：「什麼事，那麼嚴重？」他說：「我們拍到小金和一個男人在車上，有不雅的行為。」我說：「你確定嗎？你可以描述清楚一點嗎？」記者開始敘述他所看到及要表達的一切，而我這邊卻真如五雷轟頂一樣，整個人已陷入暈眩及昏迷狀態，我冷靜地掛了電話，我開始想，如果那是真的，小金讓我戴上綠帽，那我是最大的報應，因為我曾看見圈內一些男藝人，遇此打擊時，我並沒有太多的同情心，反覺得，這些男人罩不住，連自己的老婆都管不好，還談什麼個人魅力，或事業成就。

哈哈！看看高某人，和我在一起的女人，哪個不是忠心耿耿，外表迷人，眾人垂涎，但女人就是百依百順地在我身邊，這就是我的驕傲。金友莊二十來歲時，專機中隊的空姐，卻願不顧一切地嫁給我，當年已不是巨星，甚至負債累累，這一切是為什麼？沒別的，就是我高凌風罩得住，有一種神祕的魅力。哈！你們男人怎麼會懂？事實擺在眼前，我就是讓天下男人，又羨慕又忌妒的青蛙王子。好了！現在出洋相了，也算現世報吧！以前看人鬧笑話，現在輪到自己。我開始聯絡台灣朋友，希望第二天報出來前，先看看被拍到的到底是什麼照片，或找出一些端倪，以備返台時，因應媒體詢答，等我知道照片畫面模模糊糊，我也上網看了一眼（坦白說，根本不敢看）。

我定調了，我返台只說：「我相信小金的清白，這一切一定有很大的誤會。」返台第二天本以為小金會和我解釋，然後我原諒她，一切就可平靜正常了，但接下來的劇本，完全是我無法理解及接受的，我一步一步地走向了人生最低潮與痛苦的深淵，我第一次有了如何了結自己生命的想法，我完全亂了方向，心中的仇恨與無奈，由於無法相信眼前所發生的一切，讓我生活起了無法控制的情緒低潮，方寸大亂，禍不單行，此刻，我想冷靜地面對，但雙魚座多變個性的我，可能是吃大虧的時候了。

記得我返北第二天，小金跑到南部去找朋友，這是人之常情，我也南下安慰她，但出乎意料，她竟說：「如果媒體再挖，乾脆幫她『挖墓』好了！」我不明白，我已返北，我不計較，不是一切就會平靜了嗎？她說再挖，她就「挖墓」，難道她真有不可告人之事？或她現在的言行，是在保護那個男人嗎？我很難過，當我要為她解決問題的同時，她並沒有感謝我對她的寬大，她並沒有以同理心幫我想想，男人被戴綠帽子的痛苦，以及在現今台灣社會的價值裡，高凌風被人取笑是多麼難堪的窘境，而我卻仍裝瘋賣傻地為她辯護，也唯有她清白，我的傷害才會最小。

我立刻對外表達，千錯萬錯，都是我的錯，因為我疏忽照顧小金，所以讓外人有機可乘，為了彌補，我馬上安排全家泰國之旅，又立刻在公眾面前承諾對她永恆的愛，並買一部「賓士」車牌5257（我愛我妻）紅色轎車，以表明我的心意。甚至把我原本最討厭的整形，也做了觀念上的改變，自己立即跑去韓風做整形，表示人是可以改變的，我若有任何不好之處，都可以為小金而改變。

此舉，引發許多人批評我做秀，可是面對當下景況，對我而言，無非只是希望小金重回我的身邊，因為在過去十六年婚姻中，我們不曾談過離婚，也沒大吵過一架，在我的生涯規劃裡，根本就打算跟她白頭偕老，我更不願小孩看到爸爸是一個無法信守承諾、無法保有一個完整的家庭、也無法給他們安全感的爸爸，我過去年輕時雖曾風流糊塗，但第三段婚姻，我要珍惜維護，直到走完我的人生。

僵持不下的婚姻關係

在我心中，小金就是有女人味，風情萬種，非常迷人；就算有人想染指她，她絕對有忠貞的信念及自我保護的能力。

過去，我放心在大陸工作，拚命賺錢給家人過最好的生活，可是並不知道我給小金絕對的自由，讓她和他的女性友人或以前的飛行同事，在外飲酒作樂，唱卡拉OK，我以為這是我對她最真誠的愛及信賴表現，因為百分百的認定，這是永遠不會有變化的婚姻，所以當然就未顧慮小金內心是否已隨年齡增長或人生增多的閱歷，已對我產生不滿。在我心中，小金就是有女人味，風情萬種，非常迷人；就算有人想染指她，她絕對有忠貞的信念及自我保護的能力。

殊不知當最近生病後，午夜夢迴，我發現自己真傻，而且是思想慢半拍，更糟的是過分自信，小金可能在不雅照出現的一年或兩年前，就對我在家中講話的霸氣（若相愛的話就是帥氣或男人味）早有不滿，而外面的誘惑卻愈來愈多，太多的暗示或郎有情妹有意，在小金的休閒喝酒浪漫生活中已隱隱地浮現，小金開始享受外面無盡的讚美及有心人的挑撥，而我卻不斷在大陸發展，很難全面觀察她的所作所為。

小金被一批身邊的姊妹淘或閨中好友包圍，揣測我在大陸為所欲為，更醜化我非玩即嫖，這讓小金在外的玩樂生活，開始找到合理化及道德的正當性，從此她的行徑日漸偏離，而我內心卻全然無知，仍相信自己是世界上最有魅力的男人，因為我已擁有小金，對外面的風花雪月，六十二歲的我早已看膩了。可是一些自以為是的女藝人或名嘴，仍然咬定高凌風一定偷吃，此刻，幸運之神似乎不再照顧我了。小金車吻的照片，讓我掉進了生命無止境痛苦的深淵，更可悲的是，她為了挽回自己的尊嚴，離婚一年後，還要硬編一些我在大陸的醜聞。雖然事後她道歉，也拿不出任何證據，但我想問蒼天，一個你最愛的人，你願意為她死的人，最後她還是背叛你，為什麼？答案只有一個，因為「慾」，這就是人性。

我們曾為前世今生的戀人，如今卻形同陌路，我不知該怨誰了。記得二〇一一年八月的時候，我當然沒有現在此刻的反省能力，那時的我慌亂不已，自以為冷靜的處理，卻荒腔走板，終致難以圓滿收場，唉！當小金開始提出離婚時，我對自己還是滿有把握的，所以常常用開玩笑的態度去面對，但她一次一次的週末不歸，不是和朋友到台東辦事，就是在台中訪友，或是到宜蘭買牛舌餅，這時，我的心開始慌亂，我腦袋出現了最不可能出現的徵信社，當我再到大陸演出時，終日渾渾噩噩，這種慘況，可想而知。

記得有一天中午，我從浙江金華趕回上海，當踏出上海火車站月台，一位中年男子趨前問我「先生要坐車嗎？」，我說「多少錢？」，他問我要去哪？我回答我將下榻的飯店，他立刻回答「一百元」，我想不貴又方便，避免等會兒到車站門口還要辛苦排隊，便一口答應了。說時遲那時快，一位體態略胖的中年婦人，立刻出現幫我推行李，我一時摸不著頭緒，便問那男子「她是誰？」，「她是我愛人」，男子含蓄地回答。當下我的心好酸好酸。我知道他們夫婦每天穿梭在車站拉客，賺不到幾個錢，但他倆彼此合作無間，接到一個客人，談成一筆買賣，他們臉龐的笑容，及走路時意氣風發的模樣，真教人感觸良深。

想到自己目前的處境，小金不知又在何處歡笑飲酒？對我所創造的名望及財富完全不屑，看看身邊這對勞動階層的夫妻，充滿了希望與幸福，而我卻一無所有。此時，我竟閃過了六十年來最悲觀的念頭——自殺，我突然覺得，活得一點意義都沒有，拚了大半輩子，結果心愛的人背叛我，我算甚麼男人？當然我也立刻回到現實，我不是軟弱的男人，這並非高凌風的格局，那個想死的念頭雖只出現一秒鐘，但已經不是好現象，我當天發了短訊給小金，她也立刻回訊「別傻了！好好工作，回來再聊。」我的情緒總算又穩定下來了。但是當我再返台後，我和小金的關係愈弄愈僵，我覺得她好像中邪一樣，整天表示非離不可，我不知什麼力量那麼大，讓她非離開我不可？是那姓張的男人嗎？從各方來的消息都說是那姓張的，可是我就是不信！更不願去找人處理他、傷害他。道理很簡單，若小金要和他在一起，我打了他，小金會更恨我，且還會在病床前照顧他，更何況，他又沒強暴小金，你情、我願，誰能說什麼？

但是有一點是千真萬確的，小金是我的太太，姓張的應該清楚，若明知小金是我的太太，而我們並未分手，你卻為自己一時之私慾，做了讓小金背上不雅之名的事，更讓我成了綠帽下的大青蛙，那是天理不容的。姓張的，我高凌風雖不找你，但你遲早還是會有大報應的，這不需我去做任何事，因為老天有眼，這種事是做不得的。我和小金在二〇一二年二月二十號登記正式離婚，在此之前，她都是我的妻子；若張先生是有點人性，或有點社會常識，他當然該知道進退，若他越此城池，而造成別人妻離子散，這罪孽可能一輩子用生命也無法彌補，這是因果論，而我受此離婚打擊，靈魂的不安寧，造成心中鬱悶，進而引發身體上的明顯失調，最後演變成血癌。對我而言，由於情緒無法紓解，而造成身體細胞的病變，我心裡當然有數，我也只能默默承受，因為這種劫數，我知道想逃也逃不了。

Chapter 3

不一樣

作詞：孫儀　作曲：劉家昌

對你的感覺　並不尋常

對你的感覺　也不一樣

不知想了多少話　都在我的心裡藏

就是不知從那裡來講

想要說　口兒難開

想形容　又不知怎樣形容最適當

總言之　一句話

我說不一樣　它就是不一樣

以爲她就是永遠

我到死那一天，我和她肯定是在一起的，在我們的談話概念裡面，我們對「離婚」二字是多麼遙遠與陌生。

六十二年來，我遇過太多事情，從瓊瑤的發掘、被斧頭砍及楊雙伍的子彈，到車禍、夏威夷的兩次海難、陳水扁的關店、二〇〇三年我的免疫系統失調……。我的一生都在現世報中度過，此時的我會病死，還是東山再起，劇本早就不在我手上，而是瑤池金母的安排了。

哈哈！若老天留我下來，那就是要我看到小女兒出嫁，享受我的美麗人生，更要我告訴罹癌病人，別去化療，相信中國傳統醫學，讓更多人逃離化療之苦，也讓更多人，不再受化療的殘害，救一個算一個，讓未來的人們，對癌症的發生及醫療都有一個重新的認識，把恐懼降到最低，也把治癒率升到最高；那高凌風這趟血癌化療之旅，也許才有意義。這麼說和小金的分手，也許對我而言，正是冥冥中老天的安排吧！離婚對現代人而言，或許既不稀奇也不悲傷，因為婚姻制度本身就是個陷阱，愛情本身也有它的新鮮感與時效性，結果愛情連結上婚姻，柴米油鹽，加上朝夕相處，面對新事物的價值觀，一旦發生磨擦，想擺脫婚姻的內心吶喊，日日都可能發生。

所以有人問我：「高凌風，你已多次風浪走來的人，為何和小金分手，你如此不甘？並且一副大情聖丟不下、又放不開的樣子，令人不解？」朋友說得一點不錯，瀟灑分手才是我的形象。但這段婚姻要離異，我有不能接受的道理；例如，一個國小三年級的小朋友，每天到學校快樂地玩耍、上課，從沒有發生什麼不愉快的事情，但到了下半學期，學校卻要他退學，並叫他父母把他帶回家去。結果家長到學校來問原因，小朋友也不知道為什麼被退學，最後勉強知道，小朋友在三年級時，話變多了，還有三次遲到的紀錄，二次作業沒交。

可是這些問題老師從未提醒過，也不曾處罰過。最後被退學時，以上都成為退學故事的理由。我和小金的分手就是和上面的小朋友故事一樣。小金不曾提過離婚，也從未責怪我生活上有何缺失，更沒有因為我去大陸演出，在大陸有何不軌的行為而與她發生爭執或衝突！我倆常常一起上節目，節目結束後就在附近小攤吃些豬血糕，或吃碗榨菜肉絲麵，也習慣地切些豆乾海帶等滷味。只要我去大陸演出，回台如果是松山機場，她一定會到機場接我，我只要一出機場，一通電話，她就出現，這是我們最快樂的時光，因為她開車，我坐車，已是我們家中的特色了。記得我每次去外地演唱，她就開車載我，我在車上準備，到了現場，她就帶著小孩到附近買東西吃，或四處逛逛，等我唱完歌之後，她把發票開給主辦單位領錢，而我唱完以後在車上換衣，特別是我需要大毛巾，我每場保證渾身溼透透，車上她可能已幫我買了臭豆腐、或滷蛋、雞屁股，不然就是在回家路上找家附近豆漿店，吃點消夜或點心就一起返家。

其實這些都不是最樂的。最樂的是她手上又有一包紅紙袋包的鈔票。說實在，有件我們彼此從未討論的事，那就是從結婚第一天開始，我賺的錢，就都屬她管，我去內地表演，返國帶十萬、二十萬人民幣，我從未點數過，就一包一包的交給她。過去我們負債的時候，日子辛苦，我們一起走過。等日子好一點，我們開始買房置產，第一戶房買在湯泉，是用我名字買的，接下來淡水之房、桃園小套房、安康的靜岡別墅、上海的金匯豪庭，這四戶房子，全用小金的名字買。

在我心目中，我和她沒有任何區別，因為在我內心深處，她是我母親及瓊瑤女士之外，生命中最重要的女人，她為我生了三個可愛的孩子，在我最不如意的人生中，幫我再站起來，我內心裡面不斷地告訴自己，我是全世界最幸福的人，也告訴自己，什麼年齡做什麼事；以前年輕可以糊塗，可以亂玩，可以瘋狂，可以亂愛，但現在六十歲了，要珍惜現有的一切，要感恩，更要給孩子做個好榜樣。

我常和小金談到如果我走了，我的保險不知道夠不夠她下半生過生活，但她反而常常開釋我：「生活不必有太多計畫，以前沒錢的日子都能過了，現在又何必終日擔心呢？更何況，我如果有計畫，當年就不會嫁給你了。」哈哈！多痛快啊！她的理論我欣然接受了，我就不再整天想著保險及未來生涯規劃而煩惱了。當然從我們的談話，早就可以發現，我到死那一天，我和她肯定是在一起的，在我們的談話概念裡面，我們對「離婚」二字是多麼遙遠與陌生。

抹黑

只要懂一點心理學的人都知道，謊言說上一百遍，會讓自己及周邊的人都以為是真話。

嚴格說，我們潛意識裡面，我與小金必然白首偕老，不可能走向分手之途。我印象最深的一個早晨，那一天是離報上刊登小金與張先生不雅照二〇一一年八月八日前一個星期左右，當天我和小金正常的要一起去上「今晚誰當家」的節目。那一天的特別來賓是「李建軍」，此人我對他印象一直不好，因為我一個新加坡叫「何天」的朋友，很早就認識他，何天告訴我，此人什麼都敢騙，是標準的「馬扁」，看他到台灣，「今晚誰當家」節目製作單位，把他奉為上賓，真是百般不解。

記得當天早上，我和小金在出門前，也算我們最歡愉地享受了夫妻的晨間魚水之歡，但我都習慣不要精疲力盡，就適可而止，因為我直覺，精氣神，是我們男人最重要的，所以早上的歡樂，不可以全力以赴，以免一整天整個人會感覺眼睛很酸、很累，尤其上節目，效果就不好。反過來說，這樣高潮享受也有了，又能保有元氣，真是快樂美麗一天的開始。

我為何要提到這一天的這點家務事呢？因為直到小金發生不雅照的前幾天，我們等於完全處在一種新婚及正常的甜蜜生活狀態，我不懂為何一張照片的出現，後來演變成小金對我怨言滿腹，諸如我又變成大男人……等等。但這一切也許我都能接受。簡單的說，我太自信，或我太大男人主義，我沒有察覺到我身邊人的生活感受，這些我仍然在反省中可以認同與接受，我有缺失。但小金在她的訪問中講了一句話，我不但不能接受，同時也發現，她為了掩飾她有婚約中不該有的行為，竟然說：「這是一個『錯誤』的婚姻！」這句話不但完全否認了我，也否定她自己生命過去最美好的時光。

此時的我，才發現到，她內心也確實知道自己做錯了。就因為她錯得離譜，她才用那麼強烈的字句，去消除自己內心的罪惡感及不道德恐慌！俗語說：「夫妻分手不出惡言。」其實這道理很簡單，落幕姿勢也要美一點，有普通常識的人都懂，也都會去做，為何小金趁著我在養病的時候，把一些家庭的隱私全盤托出，而且捏造很多的「揣測事實」。其實只要懂一點心理學的人都知道，謊言說上一百遍，會讓自己及周邊的人都以為是真話，但謊言終究是謊言。她在她臉書上寫道，她再三告誡我：「我不在乎他窮，不在乎他老，不在乎他病，不在乎他忙，唯一在乎且無法妥協的是，對婚姻忠誠的絕對要求，無論是精神或肉體，甚至連一夜情或召妓也無法絲絲的容忍。」又在一篇臉書上，開宗明義的說：「十多年前的我，不顧所有親友反對，嫁給退隱演藝界的高凌風，請問『所有親友反對什麼？』不就是高凌風太花嗎？可能今天對妳好，明天又有新歡。」

但事實證明，高凌風十六年婚姻，不但完全收斂了，除了工作就是陪小孩，甚至全心全力栽培寶弟進演藝圈；十六年不是短時間，不是十六個月、十六天。高凌風潔身自愛竟然達到零緋聞，身為我太太的小金，應該引以為傲才對，更應該自信地告訴全天下的人，自己是多麼有魅力的女人，一個花花公子，風流倜儻的浪子，在第三次婚姻後完全改變，除了工作，就是回歸家庭，這是真的值得讚美的。今天我一人在此大聲叫好無以為證，特別拿我結婚十年整出的書，看小金如何看待我，也讓大家知道，小金為了第十六年婚姻，自己的「大意」，而把自己所有一切都否認掉的事實。

我的書名《賺到三十年》裡，小金曾以親密愛人的身分，寫了一段序。

【關於愛情】

「一個自認平凡的女生，嫁給了一位自命風流的男子，這樣的組合，該會是段慘烈的婚姻關係吧？結果呢？卻跌破大家眼鏡，到目前為止（已邁入第十年），這個家庭『穩定中求發展』。我就是那平凡的女生，這位自命風流的老公高凌風，這些年巨大的轉變（個性、愛情、家庭觀）是由壞變好，若不是親自見證，打死我都不會信。這個以前的壞男人，現在的新好男人，一路的改變，都在這本書裡；身為人夫的你要看，身為人妻的妳也要看，身為人子、人母的所有人都應該要看！誰說江山易改，本性難移？高凌風將改變這句歷史名言。」

從以上文章知道，小金至少和我有十年非常快樂穩定的感情生活，但從她到電視台說：「高凌風第一任太太就告訴我要有私房錢。」當時她在電視台想表達的是高凌風若離婚，錢可能不會給得很多，或很乾脆痛快；太好了，既然她說我前妻告訴她要有私房錢，我想請問，所有錢全部交給她管，我連帳戶在哪家銀行？水、電、瓦斯，怎麼繳費都不懂，那麼小金請自問，生活到第十二年妳曾想離過婚？或我在外有一夜情，或偷腥被妳發現？如果是第十二年發現，那妳離婚時，至少存了四年的私房錢。若在第十四年的婚姻發現，那至少該存二年私房錢，為何到了電視台，妳說妳一毛私房錢都未存？

道理很簡單，在婚姻第十六年的八月六日，妳被拍到車吻照之前，我倆從未因偷腥或一夜情大吵過，更不可能為威而剛或保險套大吵，當然「離婚」這兩個字在我倆有婚姻的這十六年裡面，從來就未被提出過。想想看，我是已有兩次離婚紀錄的男人，我從頭至尾都希望維持婚姻到我離世為止。我怎麼可能輕易地說出「離婚」二字，既然我們都未曾說「離婚」二字，當然妳也不可能想到要藏私房錢，以備萬一分手之用。

加上她在臉書上寫到二〇一一年七月：「我掌握了一個讓我痛徹心扉的事證，他的確在國外不斷偷腥。更令人髮指的是，他竟然聲稱他都有帶套子，問心無愧，沒有對不起我，我將這個讓我痛得想死的證據傳給我的親朋好友，並下定決心，無論如何堅決離婚。」各位看倌，有沒有想過，為何在二〇一一年七月會在臉書上PO文？

道理很簡單，因為八月六號小金的車吻照將曝光，她希望先有高凌風的偷吃行為，再來合法她的踰矩行徑。結果她真的在二〇一三年五月十七號在各大報爆料高凌風二〇一一年七月在大陸染性病，名稱為「披衣菌」，這就是金友莊所謂和高凌風離婚的主因。

一個傷害我最深的人

人在做，天在看，這足以讓高凌風永無翻身之日的醜聞，偏偏就是金友莊捏造出來。

我前面說過，說謊一百次，會讓大家以為謊言是真話，但我常年說我是母娘契子，不會說謊，今天這等頭條醜聞，足夠讓高凌風四十年歌壇生涯一夕毀掉，但人在做，天在看，這足以讓高凌風永無翻身之日的醜聞，偏偏就是金友莊捏造出來。

二〇一三年五月十七日當天，我去了湯泉的「全康診所」拿了健康清白證明，又去了慈濟醫院拿了細菌培養七天的無菌證明，準備請媒體還我清白，此刻的金友莊當然會從謊言中醒過來，因為她提不出證據，我一定要告她加重毀謗罪的。此時她透過蘋果日報的文正，希望我高抬貴手不要提告，一切紛爭到此為止。我欣然接受，也不願再歹戲拖棚，浪費社會資源，小金在臉書上寫了道歉的文章，一切都是誤會，可是大家想想，「先入為主」，是多麼可怕的心理因素啊！台灣已經多少人在前一天就認為高凌風得性病，造成金友莊憤恨才提離婚的主觀印象。隔天雖道歉，但我的形象已經大傷，若不是我自己自愛，老天有眼，否則我跳到黃河也洗不清。千言萬語，當小金趁我罹癌生病之際，不斷在電視上放話，或在臉書剖析她的內心世界，其理由只有一個，就是我曾找她公開對質的八字箴言，「抹黑前夫，漂白自己」。其實小金是女人家，她對於台灣這塊土地上的人，對她的「車吻事件」不諒解，而耿耿於懷，也心有不甘。

第一，為什麼男人怎麼玩都可以，甚至於還冠上「風流、浪漫、多情」的雅號，而女人一玩就是紅杏出牆，永劫不復的樣子。第二，她的行為舉止真的是賢妻良母，也是一個不隨便的好女人，為何偏偏被拍到這張不雅的照片，讓她好像此生都難以立足台灣，她心中有恨，有太大太多的恨。但最後這些恨卻無形的轉嫁到我身上，而事實上，我是一個最無辜也最冤枉的人。

因為過去三十年我給人很愛玩又交很多女友的感覺，所以說我出去嫖、或一夜情，都是合情合理的。但人們只要再多思考一下，小金絕對是個美女，我又是千辛萬苦戀愛追求而來，記得我當初見她於她好友林蘭芷的party上，我說：「當我今天一見妳時，就知道再也不會把視線離開妳的臉龐。」多開心的再次重逢。她又比我小十九歲，我一路走來，如此珍惜，怎麼可能在第十六年時去犯什麼大規，讓她生氣，甚至一定要和我離婚呢？

何況，我所交之女友及前妻個個美麗如花，小金更是佼佼者，請問外面的世界，有什麼樣的美女，或風塵女可以吸引我？可促使我和小金鬧到要離婚呢？答案當然是「沒有任何理由嘛！」所有的理由就是小金生活太好了，而我整天忙碌，有時候回家不夠體貼，甚至發了點小牢騷，讓她不爽。而此刻的她，卻發現外面有比高凌風年輕二十歲，但溫柔體貼卻超過「高」十萬倍以上的人，更是甜言蜜語，甚至服侍小金像皇后一般。

小金在生活多半沒有新鮮變化下，加上老公的吸引力早已不再，她自己開始有了一些大膽的行徑，讓不敢碰她這位「大嫂」的男仕們，知道眼前的熟女是「我老公在大陸有女人，我老公都在外面玩，不理我。」甚至表示自己要輕生，讓這些不敢碰她，並尊重她為大嫂的男人，有了有機可乘的藉口，也給了他們膽量。唉！一齣愛情倫理大悲劇，本來外遇的人百分之百是男主角高凌風，結果卻成了金友莊，讓大家跌破眼鏡。

等我和小金離婚後，小金不好意思馬上投入「張先生」的懷抱，避免被人發現他倆同進同出，便先以生意上的同事為為藉口，以後再慢慢發展，反正她已是自由身，誰又能說她什麼？但是小金忘了，她可以在臉書上寫文章，我也可以，只是我不想打筆仗。更何況，我可以寫書，翔實具體的白紙黑字，永遠流傳下去。記得小金在電視上最愛說：「我爸爸當年為了牠（動物的牠，極盡侮辱我的方式），把房子都賣了幫他還債，但現在他卻罵我爸爸三字經。」金友莊的良心何在？講話可以有頭有尾卻把中間刪掉嗎？請問她爸爸把房賣的錢幫助了我，那事後呢？我有沒有把錢全部還給她父親？答案是「全部還了」。其次，她父親在信用卡上也有些小問題，我和小金全都主動樂意提供協助。

這兩年我們又有了靜岡的別墅，還特別告知金爸，他們可以把自己房子賣掉（省掉每月付貸款），又可多一筆錢在身邊，由我們提供「六十坪大的」湯泉房屋給他們二老居住，且一文租金不收。想想如果金爸金媽不住，我們把房租出去，每月至少也有四萬元租金收入。請問金友莊這些我的小小優點，或我高凌風做為女婿的一點心意，妳也記得嗎？為何醜化我就如此用力？而好的地方就一點都不記得了呢？何況有次我和金爸在談事情（談房子設定給龍哥的事，金爸爸想了解），談到一半她突然插嘴，對我大罵三字經，我當然對她咆哮，這怎麼又誣指我罵金爸呢？千言萬語，話不投機半句多，既然無緣，我必須認命，但事實只有一個，從見妳第一天到二〇一一年八月六日車吻之日止，如果我第一天對妳的情是九十五分，那麼到二〇一一年八月六日那天我不會低於九十四分，我從來沒變。

妳要新的生活，妳有新戀人我祝福妳，也希望妳學會原諒自己也善待別人，而金爸金媽都是傳統的善良人，金爸是軍人更有義氣，無怨無悔照顧金媽洗腎的病體十五年以上，所謂久病無孝子，金爸的為人我永遠是尊重的。因為台灣這個社會其實還是滿有人情味，也很有同情心，很多人支持妳，也喜歡妳（從臉書的反應），他們並不認為妳做錯了什麼，所以就好好的去愛吧！終歸妳的人生還很長呢？看到妳在臉書上最後寫我得血癌是假的，竟把全世界的人當白癡，看到這一點，我突然開心了，因為在妳充滿仇恨的內心世界，妳看什麼都是假的。妳心中有怨，怨生恨、恨生怒、怒生惱、惱生煩、煩生躁，請多保重吧！最有趣的事情是大陸海滄法院的判決你夜說是假的，稱妳雙面天使，確實在過去從認識妳開始最美的青春年華二十歲到四十一歲。

真的，小金是我朋友、觀眾、好多人喜歡的甜美人。如今，妳變了，我只有祝福了！孩子仍然喜歡這可愛的母親，大家都該珍惜吧！如果幸運的是，有一天，我聽到有人告訴我：「小金知道高凌風十六年來真的很疼她、愛她，只是她無福消受，緣盡了，命也！終歸小金在青春歲月也享受過美麗的十六年婚姻。」就憑這樣一段話，我想這才是我和小金最真實又難忘的一段姻緣。想想金小姐離婚一年後，再在臉書寫文章，那能信的還有剩多少？要毀謗我也不足奇了！

提告

我還是在九月廈門控告吳藝暉刑事的合同詐欺罪。否則台灣朋友以為我在大陸投資被騙，只是為了抵賴小金的貸款而捏造故事。

目前我靜岡別墅值四千萬，我已把房屋第二順位從好友龍仲禹塗銷而換成小金的名字。設定了一千二百五十萬給她，她湯泉加上欠銀行的一千七百萬，扣除現在我抵給她的一千二百五十萬，剩下的四百五十萬，我也會無限期的本金償還，我對她問心無愧唉！心中是佛；看人是佛，心中有鬼，看人是鬼，而孩子的生活及未來的教育經費，無論我身體好了或死亡，我相信我都有能力盡完父親的責任，一切爭執該結束了。

人生真奇妙！小金和我的是非恩怨，造成兩人無法溝通，還要我在生病時到電視台澄清，一些名嘴也跟著小金懷疑我在內地被騙錢之事，用輕佻的口氣：「唉！大家都幾歲了，還會被人騙幾千萬嗎？」不錯，我很羞愧，我也不希望被騙，只要我用刑事提告騙我之徒，相信公信力就會為我說話。但偏偏我要決心提告時，收到對方父親一封信，我心又軟了。想想為了幾千萬到底需要多少悲劇呢？以下是對方父親來函如下：

高大哥：

首先對您的身體健康致上十二萬分的祝願與關心，祝早日康復。其次，對吳藝暉的一再失信，未能如期還錢，表示最大的抱歉和內疚。吳藝暉太太臨盆在即，為此事憂心掛慮，恐十分不利於待產之身，我們也擔心不已。並非吳藝暉故意一再失信，實是他目前真的沒有能力依照對您的承諾如期還錢。但機會是有的，隨時有可能償還一大筆錢，請相信我。我對天發毒誓，絕無半句虛言，否則天打雷劈。請您再給我一點時間，我即將採取以下方式處裡還錢之事：

將廈門的房子、車位全都變賣，扣除前面順位的錢后，餘款全數作為還你的款。積極催促處理海滄房子的過戶給您。盡一切所能，自二〇一三年四月一日起，每個月最少還您三萬元。但如果有大錢進來時，會全部拿來還你，自己絕不會留。吳藝暉目前進行的方案活動，只要有錢入帳，一定全數拿來還您。我們全家一定盡全部能力，努力還你錢，絕不會等閒視之，以報答您一再對吳藝暉的寬容和宥恕。我們知道您一旦提告，就表示吳藝暉必萬劫不復，會被判重刑。彼時，吳藝暉太太和他剛出生的小孩恐怕十年內都見不到他爸爸。

而我和內人則恐怕在入土前也等不到兒子出來送終。我們不敢再厚顏祈求您的原諒！但為人父母者，現在所能做的，除了盡一切所能幫他還款外，就只有跪求您高抬貴手，再給我們一點時間和機會，我們全家人這一輩子都在努力還你的錢，絕不食言，老天可鑑！信末，我和內人即吳藝暉太太以最虔誠的真心，懇求您本月二十二日別過來提告，我們一定會慢慢還你錢，一定會很快還完的，求求您！

祝早日康復

吳錦標

二〇一三年三月十四日于北京

本來我不準備告他刑事，但我還是在二〇一三年九月十三日到廈門控告吳藝暉刑事的合同詐欺罪。否則台灣朋友以為我在大陸投資被騙，只是為了抵賴小金的貸款而捏造故事。

Chapter 4
在水一方

作詞：瓊瑤　作曲：林家慶

綠草蒼蒼　白霧茫茫　有位佳人　在水一方

綠草萋萋　白霧迷離　有位佳人　靠水而居

我願逆流而上　依偎在她身旁
無奈前有險灘　道路又遠又長

我願順流而下　找尋她的方向
卻見依稀彷彿　她在水的中央

綠草蒼蒼　白霧茫茫　有位佳人　在水一方

我願逆流而上　與她輕言細語
無奈前有險灘　道路曲折無已

我願順流而下　找尋她的蹤跡
卻見彷彿依稀　她在水中佇立

綠草蒼蒼　白霧茫茫　有位佳人　在水一方

我跟另一個『秀王之王』

當年各自在政壇、歌壇發光的兩顆星，現在加在一起也只有「黯淡」兩字形容。

小金的離去讓我憂鬱生病而進了榮總，沒想到，前總統阿扁竟住在隔壁大樓，我助理趙小姐也曾看到吳淑珍女士坐電梯來探視阿扁，當報紙的照片刊登了阿扁坐輪椅的模樣，我不禁失聲地笑了，這不是我現在要去照骨髓穿刺一模一樣的造型，看看我現有的樣子，穿台北榮總的藍白條病袍，坐在輪椅上，化療後超短的頭髮，戴個黑框眼鏡，一條白色的浴巾擺在大腿上，臉部毫無表情，綠黑色的憂鬱臉孔，我自拍了一張照片，和阿扁的照片擺在一起，真是難兄難弟；曾幾何時，一個貪污坐牢，因身體不適而走進榮總，一個罹患血癌，而在榮總化療。當年各自在政壇、歌壇發光的兩顆星，現在加在一起也只有「黯淡」兩字形容。

我把兩張照片放在一起，中間寫了四個字「誰沒紅過」，看起來很諷刺，也很爽，因為終歸他的地位，比我高出很多，八年的總統，前簇後擁，這是什麼概念，這是什麼日子，如今坐在輪椅上，我如果是他，我比較相信我會自殺，因為這種日子我一天都過不了，就算十年後我再重回自由，但走在路上被人指點，我活著還是沒有意義。所以說，阿扁是個奇才，真不要臉，三一九槍擊案，我永遠不相信那是真的。更不可思議是有個叫「陳義雄」的人，是嫌疑犯，最後竟落水死亡，我相信這冤屈的亡魂一定會回來找阿扁索命的，一切只是時間早晚而已。阿扁確實是個心狠手辣的市長，他在做台北市長時，為討好一些婦女團體，對掃黃從不手軟，一代系列的酒店，如一代佳人、一代皇后……，就被他掃到在台北市要消失，公娼對他更是恨之入骨，

當時我從負債累累到開燒烤店，好不容易有金主投資我開Disco餐廳，我們花近五千萬在東區華聲戲院打造了主題餐廳「石頭族樂園」，這是一家綜合式多元化經營的Disco餐廳，可以說就連歐美、香港、東京這些大城市也沒有這種規模。一九九六年初，這種中午吃自助餐、有晚餐有唱歌，而入夜九點以後就變成Disco，又有二樓的透明玻璃升降舞台，屋頂還可開天窗看星空的設計，真是空前炫麗。我相信我提供了一個絕對好的用餐去處，更可以給年輕人一個發洩過剩精力的狂舞場地。記得美容界大亨，黃河南一次聊天中，告訴我：「阿扁談『快樂希望』，所以阿扁主張有多一些休閒娛樂的場所給年輕人。」黃先生想要我來設計這樣的娛樂場所，所以我和朋友開了

「石頭族樂園」，為了表示，我是阿扁一掛的，開幕時我找了「施明德」來剪綵，我想阿扁團隊，應該知道我是他的棋子，因為當年，阿扁、施兄，都是一起打天下的，這招明棋，內行人不能說不懂。開幕二個月左右就在過年的前三天，阿扁頒布了實施「少年福利法」，未滿十八歲的青少年不可進入夜店的法律。

當時我在「石頭族」是執行長當然注意到這消息，也馬上緊急開會告訴公司所有幹部及前台經理們，晚上進入店內消費的年輕人要仔細清查身分證，不可讓十八歲以下的青少年進入。就在當天晚上，我們開始執行這全新政策，其實想起來實在可笑，排隊要入場的年輕人實在太多，大夥你推我擠，就是希望快點入場，這種規定，以前又沒聽過，身分證拿出來，我們經理也沒受過專業訓練，哪看得出誰是誰啊？加上現在小孩早熟，不查身分證，幾乎完全不知站在你面前身材凹凸有致的少女到底今年貴庚，說穿了，我們經理只能盡力而為吧！

記得當天就在午夜十二點半左右，突然大批警察、市政府官員及記者同仁，以臨檢之名要求現場開燈，一個歡樂的場合突然變得緊張兮兮，我身為負責人當然一馬當先地走上去應酬哈拉一番，我保證我們都有盡到責任去查核每一位入場的年輕朋友，但就在此時，帶隊的警察突然很興奮地找到一個小朋友，小朋友只有十七歲，現場警察就打電話給他父親，證實這小朋友，真的只有十七歲，並告誡小朋友，以後不可再來這種場所，小朋友離開了。我問：「現在還有什麼問題嗎？」警察說：「麻煩去一趟派出所，因為要做筆錄。」我心想：「ＯＫ，無論要罰款三萬、或六萬，甚至被罰停業一至三天，我都心裡已經有了準備，相信董事會也會體諒新開的店，在行政、制度上偶有些疏失，也是難免，何況我們都已盡力了。」

當我們繼續營業的時候，外面風聲不斷謠傳我們「石頭族樂園」要斷水斷電，要立即歇業，我當然不信，也就透過關係找施明德幫忙，施明德叫我去找陳菊幫忙，陳菊確實想幫我，但聽說，這個案子是陳市長阿扁親自在辦，所以任何人都很難「關說」，當時大家給我一個信息，就是這種事要找市議員，特別是國民黨的才有用。

哇！我開始找陳正德、魏憶龍……。唉！能找都找。但我又給不出甚麼好處，誰願意去和阿扁開口，欠這個大人情呢？幾乎完全走投無路後，我決定自己去和阿扁面談，因為我心目中，他在當立委的時候是位很講正義的律師，所以我認為在「比例原則」的前提下，將近一千個顧客，只有一個十七歲的青少年，應該是可以被諒解的，並從輕處分的。

競選台北市議員

當我一無所有時，我和小孩、太太在石頭族樂園的廢墟中拍照，也想藉此悲情參選台北市議員。

記得就在一個中山區的公園裡面，那天下午風和日麗，阿扁推出的「與市民有約」很受歡迎，我被安排在第二十名，也是當天的最後一名，現場有許多圍觀的市民，也有幾位警察，為了安全而站立一旁，當我上前和阿扁報告我的遭遇時，我充滿了信心，因為我自認為我完全有理，若這次溝通能有所收穫，以後我的店等於有阿扁背書，就可以高枕無憂好好地經營下去了。想想Disco的利潤的確是可觀的，想到這裡我的心頭就一陣快慰。我開口了：「報告市長，當天我們共有客人一千多人，但裡面只有一位十七歲的少年，希望市長明察秋毫……。」不等我說完，阿扁說話了：「我想我們在台北市的電玩，一定要把它全部消滅，高凌風也是一樣，沒有特權。」說完之後，他站起來就要走了。我也毫不客氣大叫、狂叫：「暴政必亡！」，只差了沒罵三字經，但當我狂吼之後，發現現場市民卻無奈地看著我，警察在一旁也無能為力。阿扁坐上他BMW的車走了，我呆呆地站著，尷尬地叫了部計程車也走了，留下了一群未進入狀況的現場居民。他們議論著……，或許也並不關心吧！

阿扁和我的樑子是結上了，我的店關了，損失就是五千萬到六千萬，當然最大受害人不是我，我只是失業，但悲劇是在出資人身上的陳董，他因為石頭族樂園認識了當時公司的會計，他們很快地結婚有了一個可愛的女兒，但惡夢竟來得那麼快，公司停業了，陳董還欠裝潢、菜商、以及很多和公司有業務往來的錢，一旦歇業沒了收入，周轉就成問題。要錢的兄弟來討，陳董也用兄弟去擋，這下又欠錢又欠人情，不得已車先賣了，接下來信義區的房子也賣了，太太離開了，他因欠稅，也被限制出境了，一個美麗的家庭，我親眼看到就此毀了，阿扁的一個無情小動作，就造成很多家破人亡及社會問題，但他並不知道，他只想到權力、選舉，但報應是遲早的事。

當我一無所有時，我和小孩、太太在石頭族樂園的廢墟中拍照，也想藉此悲情參選台北市議員，民國八十七年，從年頭到年尾，我只做一件事，每天大街小巷去拜託，而且也學會到菜市場去和賣肉賣魚的握手，就是想在市議員選舉上贏得一席，這樣就可以到市議會好好修理阿扁了。當時小金，知道我兩手空空用無黨籍競選是多麼困難，但她也穿上了球鞋和我到中山區、大同區，一路走一路拜票，那樣的日子雖苦，卻是我一生中最實在的日子，夫唱婦隨，多令人羨慕啊！我也真覺得有此佳人相伴，夫復何求？

雖然我高票落選，但我印象深刻地記得，在阿扁誓師要連任競選台北市長時，第一站在保安宮，當時，我也跑去拜票，看到宮內主事者人人盛裝以待，並且敲鑼打鼓，高規格相迎阿扁市長，我特地去詢問，市長第一個要拜拜的位置，他們告訴我是廟前的大爐，我就一人站在爐前，準備等他到時給他難堪。結果，他直接拜裡面的神明，而避掉大爐的祭拜，於是我毫不客氣地大叫：「阿扁下台」並告知：「今天在此神明面前，敢咒罵你，是神明派我來的。」當然現場的民眾立刻起鬨，有些人開始羞辱我：「這個是開酒店的，把他拖出去。」群眾嚷嚷著。有些人想揍我，但也有很多人被我大聲嘶吼的情緒給看傻了，因為後來報上說高凌風是來鬧場的，其實這些都不重要。

當時有人說高凌風在保安宮廟內撒野，會有報應，但卻沒有，沒有人知道答案，其實事隔六、七年後，我重回保安宮拜拜，本來只在一樓拜完了要離開，但是就是因緣巧合，一直有一股力量，讓我又去拜二樓，又到三樓，最後拜到四樓，你們相信嗎？我在四樓跪拜之時，在眾神明的一道縫隙中，竟看到母娘莊嚴的聖相。此時，我突然想起六、七年前為何敢在宮廟罵阿扁：「阿扁！你對不起台北市民。」哈哈！真相大白，真是母娘藉我的嘴在罵他。那次市長他落選了，但後來選上了總統，卻因涉及貪污罪而淪落到今天和我同住台北榮總醫院，今天我已出院，我拒絕化療，但看到報上刊登，他第四次摔跤，我不想再評論他，個人造業個人擔。

但我們石頭族夜總會的陳董，最近一次聯絡，他已瘦了很多，全身是病，肝要換，又從喉嚨取了五顆腫瘤。對我而言，我希望他有機會去看我的老師也是現在在幫我治療的人。希望他身體慢慢好起來，阿扁做的孽太多，他必須自己承擔，而我和陳董，我們難道會比阿扁好過嗎？只有老天知道了。

年少輕狂

這是在那個少年輕狂的歲月裡玩的遊戲，大夥都三十啷噹，多半未婚，那種歲月是無拘無束，整天像在夢境一般。

阿扁在政治人物中算秀王之王，每一個政令，每一場政見發表會，包括最後要坐牢舉起戴手銬的雙手，無處不做秀，現在在榮總，摔跤、開痔瘡，總給人還在做秀的感覺，一切只為了想要交保而秀。其實藝人愛秀應該超越政治人物，偏偏他就比藝人更愛秀；二〇〇四年的選舉槍擊秀，是他人生秀的高潮，秀出同情票，秀到連任總統，這是秀的精髓，也是最高境界，不得不承認「秀」的魅力及影響力。

只是現在看阿扁的生病秀只能說是現世報的一場因果秀，他不演，我們也嗅得到人性的貪婪，身為凡人能不慎乎！談到秀，其實現在很多新的歌手、藝人，很喜歡問我：「大哥，以前秀場文化，及歌廳秀實在太有趣了，可惜我沒趕上那一波，到底什麼是秀場文化？當時你們是過著怎麼樣的生活？」要談秀場，那真的是要把豬哥亮、余天、陳今佩、向娃、江蕙一票人全部找出來，大家你一句、我一句，好好蓋個三天三夜，真的秀場文化是迷人而且相當的刺激，但那段走入歷史的歲月永遠不會再回來了。

其實回憶流行歌曲，從群星會時代，應該是台灣人共同的集體記憶，青山、婉曲、冉肖玲、謝雷、張琪，大家看著台視，跟著哼群星會的主題曲：「群星在，天空閃亮，……朋友們，快樂歌唱……」當時這些紅歌星他們的最大收入就是台北的幾家大歌廳，如「麗聲」、「鳳凰」、「日新」……等。

每一個歌廳都會把駐唱歌星的照片掛在報上的廣告欄中，愛聽歌的朋友可以依照自己的喜愛，去捧歌星的場，當然像是吳靜嫻當年是有固定的支持者，有點像現在的粉絲，就是吳靜嫻到哪家歌廳唱，這批忠實者就跟到那家歌廳去，而且還是有個壞習慣，就是吳一唱完，這批忠實者馬上集體離座，這讓唱在「吳」後面的歌星非常難堪。但相對而言，「吳」會引起老闆對她的重視，必要的時候，盡量讓她唱壓軸就OK了。當然看廣告一定要仔細，因為你可能喜歡那位歌星，你看到他的照片去捧場，但等了一下午、或整場秀，卻不見他出場，並不是歌廳騙人，而是你沒仔細看，演出照片下方有幾個小字「今日請假」。就算這個歌星的照片天天在，但卻不是天天上台，你要仔細看廣告，當然歌星照片上面也會出現「明日銷假登台」的字樣，表示明日請早，但今天還是「等無人」的狀況。

記得民國六十三年我唱紅了瓊瑤電影女朋友主題曲「大眼睛」後，也被排到日新歌廳演唱，當時還有紀寶如、劉朗、劉明穎、美黛，大家一起同台，月薪六萬元，也就是說每天兩千元酬勞，現在想想價錢真的還不錯，當然還有一更大優惠，就是歌廳准我們跑場，晚上我們除了「日新」歌廳演唱外，還要到延平北路的「蓬萊閣」、中山北路的「大使酒店」、南京東路的「狄斯角」夜總會，最後消夜還可跑到國賓戲院「地下室」再幹上一場，一天跑十場就是這麼訓練下來的。

就在大夥不怕苦，不嫌累的每天跑場汗水中，突然歌壇有了重大改變：中南部的歌廳，相繼而生，並重金禮聘有票房的歌手到中南部演出，一去就是七天，而酬勞的計算方式是以「天」來算的，也就是以前在台北一個月是多少錢，現在南下作「秀」，是一天多少錢。哇！這是什麼概念，藝人快速把目光全部放到中南部的歌廳。只要被點名的人，除了是莫大的榮譽，也是一個賺錢的好機會，而且更重要的是，如果你去做秀，這檔演出的藝人，都是能夠相處愉快，又談得來的人，這豈不是去度假一樣。

如果有幾個愛打牌的人，則天天下班就是三缺一摸八圈，日子好過又刺激，如果都是愛喝酒，那就天天把酒問青天，不醉不歸，反正一覺睡到中午，節目七天都是一樣的，又有何煩惱，如果更妙的是這檔期有你心愛要追求的女藝人，這下這些男藝人可有事做了。首先誰想追誰？說清楚，講明白，主追求者要給知道此事且幫忙「圍事」的男藝人每人五百元，從今天起，這個目標女藝人就屬於出錢的男藝人一人獨追，其他人都要說這位仁兄的好話，並且中途不能再反悔，一定要支持出錢的人，盡量達成心願，這就是遊戲規則。

這在那個少年輕狂的歲月裡玩的遊戲，大夥都三十啷噹，多半未婚，窈窕淑女，君子好逑，那種歲月是無拘無束，整天像在夢境一般，就算女歌星帶了媽媽同行，大夥一桌吃飯時，張菲只要做幾個小動作，例如抽菸時，把菸放到鼻孔上，或他的頭髮前後搖動一下，都逗得媽媽們笑口常開，桌上吃吃女歌星豆腐，大家也覺得無傷大雅。哈哈！日子就這麼過著，秀場文化就這麼展開了！

早期作秀的表演照

Chapter 5

大眼睛

作詞：瓊瑤　作曲：湯尼

我可以不知道　你的名和姓

我不能不看見　你的大眼睛

我從來不明白　命運是什麼

自與你一相逢　從此不寂寞

你的眼光　似乎對我訴說

好時光千萬不要蹉跎

不管你心裡是否有個我

我永遠為你祝福　願你快活

我可以不知道　你的名和姓

我不能不看見　你的大眼睛

一枝獨『秀』

藝人從秀場出來，每個人際遇不同，起起落落同，仔細品嚐一下，真是一人一個命，有人已在天堂，有人還在打拚。

當高雄只有一家藍寶石歌廳的時候，藝人價錢就已拉得很高了，當時的一般觀眾都以到藍寶石看秀當作盛事，而且能拿到大檔或好檔期的票是非常高難度的。所以當時藍寶石的節目經理林世芳，就成了當年高雄的紅人，後來的林光寧，走路有風，機場、海關、警察局督察、各行業大老闆，都要和他們「交往」一下，因為萬一有什麼大秀下來，想要買票，買不到前面的座位，那是很沒面子的事。當然賺錢生意不可能給你做獨家的，高雄市最有實力的王家，這時也加入了戰局，王慶禾董事長一出手就不是蓋的，在最熱鬧的地方又多了喜相逢大歌廳，座位多又舒適，藝人價碼更是水漲船高，因為要挖角、跳槽，藝人價錢也就兩倍、三倍的往上跳。在老闆的立場，你怎麼跳都沒關係，只要老闆有錢賺，誰在乎你漲幾萬元呢？

不僅是高雄熱鬧滾滾，台中也從單一的聯美歌廳又多了台中大酒店，而台南大歌廳就是一路經營比較困難的，但一天四場這特殊的經營模式，讓藝人又好氣、又好笑，下午人已不多了，可是老闆卻堅持要做兩場，藝人只好又累又沒效果的表演下午場。當然藝人還是會算帳的，反正人已經來了，酬勞是以天計算，多一場就當排練好了，多個碼頭，好過沒有碼頭，再加上嘉義戲院沒事也有兄弟包檔，新竹、中壢、桃園，也紛紛有歌廳秀，最可怕的是台北，突然多了巴瀝史、維也納、好萊塢、太陽城、東王、新天王西餐廳，都成了秀場。

藝人可從高雄一路一套節目，結束之後到台南、再到台中、再返台北，接下來再去中壢一檔，不多久換套節目，再從高雄做起。藝人的價碼，從一萬起跳，到二十萬不等，每個藝人都荷包滿滿，就因為太年輕、大好賺，大家都不在乎錢該如何存，更不知如何理財。記得當時我們男藝人有豬哥公會，余天就是會長，黃西田、康弘、劉福助、長青、倪敏然、張魁、凌峯、陳彼得、張帝、邢峰、豬哥亮、張柏舟、劉劍海、方正、徐風、張菲、我，一票男人都是豬哥公會的忠貞會員。

記得當年有兩件很難忘掉的集體投資行為，首先我們認為錢賺多了，當然要騷包一下，每位男藝人，應該先買一部美國大房車，而且要用司機才有形象，所以倪敏然、張菲、我、凌峯、方正、張魁一票人，人人一部大車子，全是美國進口車，而且人人配有助理司機，凌峯是棗紅色的別克，我是紅色凱迪拉克，助理是司機兼保鑣（當年黑道橫行，我們帶保鑣也是正常）。車的後車廂，永遠擺兩把武士刀，以防萬一。結果終於有一天我的助理保鑣用上了，不小心刀被對方兄弟搶去，反過來在我助理身上刺了十幾刀，腳筋也斷了，送到馬偕醫院，住了加護病房兩天，才撿回一命；砍殺殺在那個年代，實在不是新聞，我助理到今天為止，走路還有點一跛一跛的，這樣的無心之過，也讓我一輩子對他感到歉疚。

當年錢賺多了，不會理財是正常，買車之外，打打麻將是最普通的消遣，豬哥亮、蔡友旺（藍寶石董事長）、康弘、後起之秀胡瓜、吳秀珠、鄭進一、伍百萬、陽帆，都是好咖，如果光打個麻將是不會出什麼亂子，但就因為麻將打不過癮，而玩起其他花樣，所以在台中的鴻賓飯店民國六十八年就發生了一夜豪賭，輸八百萬的事件，當時因為大家覺得麻將已經不過癮了，所以乾脆就推起筒子來了，也稱為「馬雜」。

就是拿麻將的筒子，只要兩張牌加起來是幾點就是幾點，比大小，八點比七點大，就這麼簡單。但這不得了，我在台中一夜輸了八百萬，也上報了，警察介入調查，大家作鳥獸散，打死不承認。最後我用打折、分期的方式，還了快整整一年。記得輸錢之後，我再去台中表演，每天早上十點還在睡覺就有人來敲門要賭債，我也只能把賺的錢，分批慢慢還，當時我已經出「姑娘酒渦笑笑」及「泡菜」兩張金唱片了，所以我已是主秀的位置，只是當時酬勞每天只有「兩萬五千」一天，要還八百萬，簡直是天方夜譚。

所以日子之痛苦，可想可知，好好日子不過，一夜之間竟落得如此下場，當年與我同台的向娃、鄒娟娟、蕭麗珠，都因為我濫賭，又同情又不捨、又恨我。因為種種行為，誰也救不了。除了自作孽不可活，還真想不起別的形容詞。記得台中有家「369牛肉麵店」，當我輸錢後，身上真的沒錢，就常常吃牛肉湯麵，一碗只要二十五元，後來我慢慢地把錢還完了，又賺大錢的時候，再回到了那家餐廳，我仍然只點一碗牛肉湯麵，就是要永遠記得，自己當年輸錢的糊塗行為。

在那秀場年代，另一個投資案是余天提出的，他說他有個朋友要推出十幾棟別墅，希望找十幾位藝人來購買，只賣藝人，地點在北投，結果我、還有張琴、王孟麗、長青……等十幾位藝人，一口氣就買完了別墅，現在余天住的地方，就是他當年介紹的別墅區，而我、王孟麗，早已搬走，當年買房就像是買便當盒一樣的簡單，但理財、置產，對我這外省掛的小孩而言，完全沒有概念。可能當年女歌星的家人，或許還懂一點。

目前我知道很多當年的藝人，在仁愛路、敦化南路一帶都有置產，我想這就是台灣女藝人的特色，賺錢都是交給父母，非常孝順，像鄧麗君、鳳飛飛、她們就是典型的代表；男藝人其實也有代表，如劉文正，大量置產，包括了新加坡、美國，所以已經二十幾年不唱了。

費玉清，也是翹楚。如今房地產身價早都在十億以上，可是他每年巡演還是大受師奶歡迎，真可說是樂在舞台，享受人生，所謂路遙知馬力，藝人從秀場出來，每個人際遇不同，起起落落，仔細品嚐一下，真是一人一個命，有人已在天堂，有人還在打拚，有人兒孫滿堂，有人孤家寡人，到底誰是幸福，到底誰很悲慘，其實個人帶業投胎，實在無法斷言。

但藝人能像鄧麗君小姐這樣，人走了，可是每年還那麼多人思念，加上每天在大陸各地，都有不同名義的鄧麗君演唱會，做藝人做到永恆，確實令人羨慕，死亡對她而言是不存在的，她的精神、歌聲，永留人們心中，她的一舉手、一投足，才是「秀」的經典，目前看看，周杰倫的紀錄、費玉清的歌聲、江蕙在閩南語歌曲的地位，未來都有機會留給人們永恆的記憶，在他們有生之年，其實他們的成就及定位是可以預估的，也挺令人羨慕的。

要談秀場文化，其實任何藝人都很難把這一段美麗又充滿神祕，加上黑道文化的特殊情境完整敘述及呈現，但不可否認，我就是從頭到尾參與了這個盛會。只因我在民國七十年也就是所謂的八〇年代，正好，電視推出了「臨風高歌」，唱片有「燃燒吧！火鳥」、「冬天裡的一把火」、「不一樣」、「夏天的浪花」。

所以我幾乎登台都是做「主秀」，所以對「民間疾苦」可能已不太了解，整天從我的角度及視野來看秀場，應該精準度不夠，反而是，胡瓜、張菲、豬哥亮，甚至澎恰恰，可能比較公正，因為當我們一年只做幾檔秀，就夠吃的時候，其實他們天天要在大江南北打拚，所謂的秀場，他們當然就更有感覺了，那種感情也好，工作時辛酸歡樂的感受也好，可能我無法代為描述，但我所看到的肯定也有相當的權威性，因為主角的生活行徑，及當時的背景，我本來就是重頭戲嘛！那就當仁不讓才是正道。

秀場風光

藝人從秀場出來，每個人際遇不同，起起落落同，仔細品嚐一下，真是一人一個命，有人已在天堂，有人還在打拚。

剛開始做秀第一檔是在民國六十五年是余叔叔（余茲順）安排的，每日酬勞「三千七佰」元，為什麼給這價錢？我也不知道，但肯定它比我在台北日新歌廳，每天多一倍了，當然秀場特色就是有很棒的主持人，在台上好好地吃豆腐一番，台下一定要哈哈大笑。

當年我首次登台碰上的就是大白鯊「陳今佩」，當然她的訪問內容一定是「為什麼唱『大眼睛』」？我說：「因為我的第一位女朋友眼睛大，所以我唱「大眼睛」。」接下來，她就說：「那如果你的第一位女朋友是我，你要唱什麼？」當然我就要無辜地把她全身上下打量一番，她立刻說：「大木瓜！」這也是秀場開黃腔，觀眾花錢進來的道理。這些詞是在電視上不准說的。但在秀場就大膽「哈啦」，台下有反應，下一場就變本加厲，若反應不佳，我們就要另外想一些觀眾會笑的「亮點」，例如「高凌風，你唱『你就像那一把火』聽起來好像，『你就給我幾百ㄎㄡ（你給我幾百塊）』，晚上我就跟你走！」哈哈！連演帶跳，觀眾一笑，就算成功了。所以到今天所謂破國片紀錄的《大尾鱸鰻》，對白其實很多應該都是出自豬哥亮的詞彙。

因為他對閩南語的雙關語，可以說是老祖宗了，在三十年前的秀場，他在台上就是這一套讓觀眾為之瘋狂，所以我們常常說的「鐵效果」，他早就經過市場驗證了，可說是千錘百鍊，今天他把這些台上已經用爛的笑點，擺在電影裡面，重新包裝一下，加個郭采潔這樣的清純小女生，時空一轉換，大家已好久沒有秀場可以觀賞了，所以到戲院裡面，有小朋友在旁一起看時，總會有一點尷尬，但全場哈哈一笑，大家也跟著笑，一切也盡在歡樂中了，誰在乎什麼低俗、下流。反正，俚語、本土也就是台灣主流，更重要是票房，票房代表商業掛帥，票房賺錢才是硬道理，誰再批評就是酸葡萄，沒看到，最後大導演李安也想了解「大尾」的生財之道，連「鱸鰻」是「流氓」，這個同義詞，李大導都不「瞭」，證明這塊市場還很大，要拍續集當然可能，在豬哥亮的腦海中，這類雙關語太多了，他閉著眼睛，就是一部電影的劇本，現在知道秀場文化的厲害吧！

再看看，張菲、胡瓜、澎恰恰，這些都是秀場出來的，包括費玉清、江蕙，他們能主持節目受歡迎，演唱會一場一場的開，那是因為秀場舞台和觀眾的距離很近，第一排肯花錢的重量級觀眾，就在你的面前，你的一言一行、一舉一動，每天都要經過觀眾至少三場最嚴格的檢驗，所以大家也練得一身好本領。

記得當年場秀的最大賣點，除了所謂主秀、副秀之外，最大賣點就是賣主持人了。台中聯美歌廳，老闆娘人稱「二姊」為了要在台中當歌廳霸子，特別重用能寫、能唱、能主持的陳彼得當智囊團團長，陳彼得當下建言：「若要節目好，生意好，最重要的就是先簽下最棒的主持人」，這樣就算別家歌廳請到大牌、或主秀，但無好的主持人訪問，節目一樣不好看。例如對方是台中酒店，請到歐陽菲菲或崔苔菁，但因為沒有好的主持人，歌星唱兩三首歌後，觀眾要看訪問、搞笑、或短劇，但沒有主持人上場哈拉攪和，這台戲就顯得乏味很多，所以老闆花大錢還是要有好的主持人，這是千真萬確的。

當時陳彼得是一石二鳥，第一他獻計成功，自己也不斷地安排在演出的表演檔期上，自己有了鐵飯碗；第二他在藝人，特別是主持人心目中，有了地位和形象，因為只要是老闆娘及他個人看上的主持人，他會要求老闆娘先簽約，並付一筆可觀的費用給主持人，這時，主持人就不能跳槽，但相對的鈔票就先入袋，甚至於還可有保障上檔次數，真是何樂不為呢？當然三十年前的秀場時期，這批藝人多半單身，每個檔期，都是當紅歌星，再不就是玉女演員，個個主持人都是檔檔如過年一般，既可賺錢，又可追求年輕小妹妹，真是人生如此，夫復何求。當然秀場那段風光，賺錢容易，又帶著黑道介入的悲歡歲月，有著太多說不完的故事，但也有些不盡然的道理，不可一概而論，例如豬哥亮以賭出名，小就打打牌，厲害起來就簽六合彩，那種只愛賭博不愛美人的氣魄，實在令人欽佩；但菲哥、阿義，當然也包括我在內，我們就對美女願放更多的時間，賭錢應算其次。

胡瓜，對於麻將的認真，那也算奇葩；江蕙、費玉清，都是好咖，只要有牌打，人生何其幸福；康弘、長青、劉福助，都是麻將好手，一些從不做秀的演員，因為戲紅了，也被歌廳老闆相中而開始做秀，對舞台主持人而言，更是如魚得水，因為這些演員是舞台的菜鳥，所以一定要拜拜碼頭，所以主持人個個更是有如神助，在歌壇的地位，硬是更上一層樓，大夥在那青春歲月中，有多少風流韻事及男歡女愛，就孕育在這段秀場文化中。

藝人白冰冰、洪榮宏、胡茵夢、張菲，多少人在這秀場鼎盛時期，受到恐嚇、威脅，還有身上中槍、中刀、潑尿，無奇不有。黑道想染指演藝圈，實在不算新聞，因為包檔秀有利可圖，黑道介入愈來愈深，而包檔之後，票到底要賣給誰？兄弟開始把票，賣給一些老闆，或請小弟強迫把票推銷出去，而拿到票的人，最後也只好做人情，把票送出去請朋友去看，也算做點人情，於是歌廳秀的票，從一票難求，變成了滿天是票，就是無人想看的局面。這時候，有些老闆是聰明的，把秀場精華都拍下來，觀眾只要租錄影帶，回家就可以享受豬哥亮、余天的歌舞。從此，秀場開始一蹶不振，往後的藝人只有進入電視台，才算聰明的，現在對曾國城、庹宗康、郭子乾、邰智源這一代藝人而言，每每聽到前輩聊起秀場種種，總是覺得自己生不逢時。

其實時代就是在運轉，新的年代，有新的契機，九孔、戎祥，在內地的「瘋狂大賽車」，又造就了「億萬」演員的身價，不同時代有不同的市場及樂趣，當然台灣經濟起飛的年代，藝人年少不經事的荒唐歲月，那種無憂無慮的輕狂行徑，可謂人生最多彩多姿的時光，但時光不會倒流，那段秀場藝人過往的歡樂歲月，確實是最美而永遠無法複製的。

給寶弟的手機簡訊

我想到我唯一的兒子，為了保險起見，我還是不得已寫了一封簡訊給他，也讓他提早面對人生的課題。

二〇一二年十二月二十號，當我要進入第二次化療的時候，我每天總是充滿了歡笑與鬥志，所以只要有機會拍照，我一定是美美的而且表情非常開心，因為我知道以後，我們會把住院這段期間的照片拿出來看，如果憂容滿面，不是一看就知道很遜：原來高凌風也有怕的時候，你看照片上一臉恐慌的樣子。

對不起！我早知道會有這一天，所以我永遠是燦爛又陽光的笑容，但不可否認，我為了清楚地記得每天發生的事，我用錄音筆記錄下來了真實的片段。對一位血癌患者而言，住進榮總一個月，又剛做完第一期化療，每天能安排一次到兩次，離開病房去魚池旁散步，做甩手操，真是幸福啊！

可是偏偏我就是一個貪心的人，做點小體操身體是順暢的，但我卻想自己突破，於是原地跳躍三百下，沒想到到第四十下的時候，狀況就來了，因為左胸做了人工血管所以隱隱作痛，但更厲害的是我忽然嘔吐出來，特別是食道逆流，胸口疼痛不堪。此時的我首次開始正視化療的威力和後遺症了，原來我的內部器官已經有了變化，而且明顯的不像以前那麼堅固耐用，做點運動就如此難過，我在「錄音紀錄中」特別警告自己「過猶不及」一切都要慢慢來，想打贏這場「血癌之戰」絕不能急。

中庸之道，要運動、要健身、要對抗病魔，一切都要有耐性，要順著身體的變化，要認清目前身體的狀況，不可強求，就這樣一天一天的虛弱下去。化療，真是一種非常可怕而沒有邏輯的治療方式，為什麼為了要殺幾個「芽細胞」（細胞未成年的小細胞，是不正常的癌細胞）就要把身上好的細胞也一併殺死，化療每天打這麼多的藥到我身上，我的腎、肝、脾臟，都能接受嗎？但西醫有個優點，因為我們太習慣西醫了，醫生走進病房，我們就高興得不得了，因為他們是權威，穿了全身的白袍，只要他說什麼，我們就聽話照做。

記得主任每次進房間，我都立刻坐起來，表情興奮並樂觀地敘述每天的病況，但慢慢我發現，無論我的表情多正面、多積極、多快樂，主任及他的醫師群好像都很冷漠，而且每天來打針的護士小姐，好像也不是很愛和我開玩笑。這時我也意識到，可能我們得病的人，下場都滿淒涼的，他們不太願意和我深談，怕建立一種病人與照顧者彼此依賴憐憫的關係，若他們明明知道我，機會不大，或只剩三個月壽命，可是我每天還在嘻嘻哈哈，甚至聊我出院的夢想，我相信護士也會很難過，所以他們都不太理我，更不願建立深厚的友誼。

現在仔細回憶，因為我對醫學的無知，在醫院中的前一個半月還真過得滿自由自在，完全不知道危機就在身邊，每天早上看看報紙、唸唸經，再加上出去散步走走，到魚池餵魚，下午睡睡午覺，加上每天的腸胃多半處於不是一天要上幾次廁所的狀況，就是兩天上一次廁所。總之，每天拎著我的點滴瓶瓶罐罐上洗手間是每天最繁忙的工作，當然到了晚上六點開始看《甄環傳》，是一天最快樂的時候，我可以跟著戲裡劇情，有哭有笑，而且發現劇中人很多都被毒死，而且死個人不算什麼，對我這種病的人而言，很是安慰，原來人是那麼容易死，而且劇中人死時，很多都是有冤屈，相形之下，我沒什麼委屈，如果走了，我比他們幸運，心中也舒服很多。

週六更是我的黃金時間，因為晚上八點開始，有兩個鐘頭我可以陶醉在中視豬哥亮的歡樂時光裡，看他和每一位來賓開玩笑、逗趣，就覺得我也活過來了，好像每一集我都是節目特別來賓，我也在節目中一起錄影。

我會再回電視台嗎？我會重回舞台嗎？還是我就在病房裡，進來了我就出不去了嗎？

此刻我想到我唯一的兒子，為了保險起見，我還是不得已寫了一封簡訊給他，也讓他提早面對人生的課題。

給寶弟的手機簡訊

寶弟：

你已長大懂事了，爸爸兩次化療都失敗，今天起要用最強的化療方式，當然是最危險的，所以我可能敗血休克或腦出血，當你返北時，我已不能陪你了，有幾件事你一定要牢牢記住。

一、高中大學一定要在全英文的學校就讀，大學一定要畢業，英文不好，你永遠是二等公民。

二、不可浪費，要學會節約的美德，我不能工作了，媽媽不會給你錢，必要的時候，出去打工，賺零用錢，最重要是有志氣、有勇氣、有信心，相信自己，任何事都要最努力。

三、喝酒絕不爛醉，或吐，更不可開車，或坐喝酒人的車，更不可吸毒。

四、要有慈悲心及喜捨心，多幫別人，多做功德，看別人窮要多幫忙。家中很多無用的衣服、鞋子，送人，養成喜捨，就是快樂的助人習慣，老天會給這種大方的人很多貴人及財富。

五、你是長子，家中要供養神明及祖先，包括爸爸的牌位，每天早上三炷香，農曆七月要到金山或萬里（爸爸把塔位和爺爺的買在一起，回來就知道了）。神明和爸爸及祖先都會在天上保佑你，爸爸兩本書《永不退場》及《賺到三十年》是爸爸人生的精華，想我就看我的書，我會教你如何成功快樂的。

最後，爸爸用生命最堅強的信念對抗癌症，但記住，再大的權力也爭不過天，這就是我要你平常多做善事，多種福田，為自己做功德的道理。人在做天在看，爸爸一生豐富精彩，酸、甜、苦、辣、成功、失敗、富裕、貧窮、女人、婚姻、子女，都不缺，老天還給我做夢都在盼望的兒子。兆恩，你可讓葛家傳宗接代，我已非常感恩，母娘所給我的一切，最後八字箴言永遠記住：健康、信用、禮貌、微笑，你會快樂地享受一生，祝你至少生三個胖娃娃，哈哈！

爸爸於榮總　二〇一三年一月九日

附註：遇到重大事情，不能處理，去找龍叔叔，龍仲禹，或吳正德叔叔，即可。真希望你回來，爸爸可在醫院和你聊天，今天起第四天、第五天比較危險，相信爸爸的毅力和信念，母娘慈悲！這封短訊影印起來，永遠留在身邊！

最愛你的爸爸

Chapter 6
野菊花

作詞：瓊瑤　作曲：岳勳

野菊花　野菊花　默默開在山坡下

山坡下　山坡下　以天為路地為家

冰清傲骨玉無暇　玉無暇　玉無暇

他高雅　他高雅　有誰瞭解他高雅

野菊花　野菊花　默默開在山坡下

山坡下　山坡下　風霜雨露都不怕

自由生長自開花　自開花　自開花

它無價　它無價　有誰知道它無價

喔~喔~喔~喔~　有誰知道它無價

喔~喔~喔~喔~　知道它無價

一朵野菊花…

願望

六十三歲的我，經歷人生無數，最後在醫院面臨死神的召喚前，我才發現，我只想和小孩依偎在一起。

二〇一二年十二月底我們的前輩楊老闆登魁兄，進來榮總就住在隔壁大樓，但一星期左右，就走了！多少受他恩惠的藝人都無法相信這事實。沒多久潘安邦又走了，接著老朋友王珍妮住隔壁大樓也走了，當初一位「朱博士」提供給我的「抗氧化」飲料，因為缺貨還是從王珍妮病房「調貨」給我的。唉！怎麼都這麼快？

記得二〇一二年十一月二十二號住院第一天遇見圈內的好友葛蕾，她正好接她哥哥出院，原來她哥哥正「化療」告一段落，所以要出院回家休養，她哥哥愛面子，見了我一下不見了，再回頭見面變了一個人，原來他跑去把鬍渣剃掉了，剛見他時，他氣色不好，現在看起來精神多了。他出院，我住院，一個生命中最不適合見面的場所（醫院）。記得上次見面該是在他的酒店裡，他開了酒店，生意不錯，他自己也愛喝兩杯，所謂如魚得水，每天不亦樂乎，其實這種日子我也經歷過，當然不可否認當年我們開酒店時，有朋友來捧場，我們也是樂在其中，所以「酒」確實也讓我們有段歡樂的「暈暈」歲月。現在面對面，他是「葛大哥」，我算「葛小弟」，也不對，因為我們是同年同月同日生，都是三十九年二月二十八日生的，又同樣姓葛，所以好像特別親切，兩個酒國浪子，兩個癌症患者，一個出院，一個住院，一切就盡在不言中！此時還有什麼豪氣可言，乾杯、乾杯，人逢知己千杯少。唉！喝酒說酒話，面臨死亡，大家都謙卑了。

記得我二〇一二年二月一號出院後就打電話給他，因為我的化療三次都失敗了，而我也決定離開台北榮總，在我心目中，離開醫院何去何從，確實是個未定數，但我卻直覺肯定，「化療是條不歸路」，看看多少有名望的有錢人，最後都被吞噬了。我是百分之百不相信化療，我直覺這就是一個國際大凱子勾當，我除了看到一些網路文章〈醫院真實的寫真〉，描寫醫院如何坑殺癌症患者，一層皮兩層皮的趁人之危大剝削，加上化療太荒謬太無知；據說徐風三年化、電療共二百多次，徐風或徐太太反應是否也太慢了，請問化療也好、什麼治療也好，效果是不是最重要？做十次效果不好的醫療，可以繼續嗎？生命是自己的，都沒有警覺嗎？還做抗癌大使，化療無數次，癌症一變化，最後被奪生命，全國同胞看到這種新聞，大家都會不捨啊！但是不是該醒了，化療是無知加荒謬的醫療行為，為了要殺癌細胞，要連好的細胞一起殺，這種邏輯想也知道，癌細胞還沒死，好細胞已死光了。最後住在醫院，沒有食慾，當然也就沒有正常大小便，人的身體被化療到五臟六腑俱殘，此時醫院一定會告知病患，你的身體很弱，要特別小心「感染」，最後在你抵抗力非常脆弱時，只要你撐不住了，就說「院內感染」……最後家屬同意拔管，不用急救。

唉！一個好好的人，就因為化療，再好的身體也完蛋了。我離開北榮總後，聯絡上「葛大哥」，他當時又回到「榮總」，我問他有沒有當天《中國時報》，他說：「沒有。」我說：「你買一份，因為有我的照片，我和兒子寶弟及他大陸朋友平安和超偶比賽第五名的林利豪，我們四人在陽明山賞櫻花的照片。」我告訴「葛大哥」：「我把癌末不化療而健康朋友的電話給你，像這種病的人，只要不留在醫院化療，生命仍有機會是彩色的。」甚至我講話有點直接：「留在醫院就死定了，要活命，一定要出院，請打電話給我。」

因為當時，遠雄人壽屠董事長、互利邦科技「牛樟芝」涂執行長，都來過我家，對於癌症末期使用牛樟芝，而使身體復元的故事，比比皆是，太多案例不勝枚舉，從我回家到現在，都提供牛樟芝神液讓我服用，所以我才特別希望「葛大哥」跟我聯繫，只要他有興趣得到一些印證，我可立刻告知涂執行長，當面告知產品之優勢所在，當然在我們的概念，只要先不做化療，其實就活了一半。沒想到不久後我接到好友電話，說一週前，「葛大哥」已經往生了，好友日前才參加他的公祭。唉！短短時間一個個先走掉，我這血癌患者，還在這寫書，當然，我現在此刻也無法百分之百說這本書，會在我身體完全復元時問世，但我必須說，經過三次化療，特別是第三次化療，主治醫師告訴我，「骨髓裡再生出來的細胞（芽細胞）是壞的。」他也希望我們大家一起坦然的面對這事實。我想這種近乎宣判死刑的方式來告訴我，我的三次化療都失敗了，我該如何？我該跪下抓住主任的褲腳求他救我嗎？還是我該惶恐地問他還有甚麼方法嗎？

不錯，當我絕望時，主治大夫告訴我，如果我願自費的話「有一種現在正在打對折的藥，一百一十萬一次，你願意試嗎？」我想，在生病的歷程而言，我是新人，我不懂，但在社會而言，六十三歲的我，已不是新人，而是江湖老混混了。我感覺到化療的商業行為，真的會害死太多國人，而且健保給付，也拖垮了我們國家的財政，想想一個化療的人，國家要補貼多少錢？而化療的人又要受多少苦，最後可能又是送走一條命。我逃離化療，當然我也要找到中國醫學中可以替代化療的生存之道。

當然此刻的我，除了牛樟芝而外，我也試了「人體環保」工程，是一種「經絡」的治療方式。高凌風的血癌就這樣奇蹟般地好了，這就是母娘的指示，母娘不讓我死自然有任務，任務就是告訴大家：「化療在醫學上是可以質疑的，而牛樟芝已可輕鬆幫助癌症病患，重返健康。」當然天仙液也有它的神奇療效，因為我服用過，但最重要的是，你內心要相信，因為唯有相信，它才必然對你身體有益。礦工兒子教育基金會董事長蔡合成而言，他每一個星期都會打一通電話關心我的病情，而他永遠只有一句話：「小高，相信我，一天五瓶天仙液，一定可以恢復健康，你看我的症狀已完全不見了。」我因此在心中許下願望，若真的完全康復，我會與他到世界各地演講。

二〇一三年三月三日媽媽從美國和我繼父Carl回台灣度假，當然她是要來看我，但我內心一直有個疑問，去年十一月中旬我罹患血癌時，媽媽為何如此沉得住氣，竟然四個月後才回台灣看我，等我見了她和她聊天，才知道我生病的事，她完全不知道。也難怪我把帽子拿掉，露出幾根短毛的光頭時，她整個人顯出了片刻的驚訝和不適應。

其實這也很容易想像，媽媽已經八十幾歲了，耳朵又不好，平時除了和Carl生活在一起，既不看報，也不看電視，她又是越南人，中文報完全沒興趣，她對我的事，一無所知是可以想像的。所以，此刻的媽媽，看我還能和她一起去鼎泰豐吃小籠包，而且還把她帶到台北近郊去不同主題餐廳用膳，只要有空，我還會和她小手牽小手，依偎地走在路上，她有一份說不出的溫暖和安慰。但她不知道在我心目中，這正是我在醫院躺著可能走向死亡時，心中唯一的幾件未了之事。

記得很多人死時最愛說：「我死了但還有件遺憾的事。」而遺憾的事，又多半和親人有關，不是沒看到兒子成婚、女兒出嫁，不然就是父母的叮嚀，哪一件事沒做好，再不就是和最親愛的另一半，還有什麼夢想未完成。很少有人要死了還想到哪一筆生意沒做、或什麼錢沒收回來。在我而言，能和媽媽一起小聚一下，再和小孩們說出爸爸的夢想，或讓小女兒多認識一下爸爸有多疼她，這就是我如果能多活兩天最想做的事，也是離開世界之前心中最掛念的事。

我逃離了化療，我現在活下來，這些小小的願望我也完成了，我發現如果每個人最後都會面對死亡，那麼能早一點把自己必然會死的真相，認真地去探討，把想做的事，早點完成，那麼接下來的生活，真是非常舒服，你可以好好地想想此刻你活著，生命對你而言，最重要的是什麼？生命的意義又是什麼？這樣！你每天的時間不會浪費了，你就依照著你自己最愛的事情上去發揮，你從此以後就變成天天快樂的人。

人生兩大目標

一、陪小孩一起成長，二、為社會盡點力。此刻的我在寫這本書時，我想這和我的兩大目標完全吻合。

目前我的人生未來也僅有兩大目標；一、陪小孩一起成長，二、為社會盡點力。此刻的我在寫這本書時，我想這和我的兩大目標完全吻合，因為小孩會長大，他們看我的書，就了解爸爸的思想，而思想是每個人行為的依據，當然如果有讀者有感受，這就是我對社會盡的心意。可是不能否認的，每一個人的思想行為會受他父母的影響，這一點我相信，我母親讓我變成了現在的我。看到媽媽現在一頭白髮，永遠把我當小孩子，太多回憶又逐漸鮮活起來了。

媽媽在越南出生，聽爸爸說，當年空軍到越南去接收，認識了十六歲的媽媽，因為抗戰的關係，媽媽輾轉到了成都，生下了我姐姐，之後和國軍撤退到台灣岡山。一九五〇年生下了我，當時媽媽應該只有十八歲，所以現在我六十四歲，媽媽只有八十二歲，媽媽初到岡山，中文還不太靈光，但為了生活，就跑到幼稚園去教音樂。就這樣，媽媽成了職業婦女，我們家住岡山自強新村三號，那是一個非常雅致的空軍眷村，房屋是日本式的，有前後院，以現在台北的居住模式，再回憶五十年前的岡山眷村，那應該是天堂一般的仙境，後院有木瓜樹和大榕樹，前院有龍眼樹和老松樹，門前有條小水溝，左轉五十公尺就有一個菜市場和福利社。哇！不能再形容了，多麼快樂的童年所在。家中客廳，掛了很多風景畫，我問媽媽：「那些有山有雪的地方是哪裡？」媽媽：「那是歐洲、是瑞士。」哇！太遙遠了。媽媽說：「以後我要去那些美麗的國家。」於是，媽媽開始每天努力學英文。

她先在我小學三年級的時候，到台北越南大使館上班，接下來，等我小學四年級從岡山轉到台北去讀書時，媽媽考進了師範大學夜間部，她每天早上去大使館上班，晚上就去師大讀書，每天深夜十一點左右，應該是轉兩趟公車才能返家，當我高中畢業，考上大學後，媽媽中英文都很棒了。她已可隻身到美國去找她的夢想了，她告訴我們，她欠中國的債，已經還完了，所以她離開了我們，去美國教書，教美國大兵如何在越南生存，以及認識越南的生活民情（當時正是越戰的時候，一九六七年左右）。當時在美國，媽媽認識了我的繼父「Carl」。Carl是一位律師，虔誠的基督徒，媽媽從此過著幸福快樂的日子，主要是因為媽媽為Carl賺了不少錢。當年越南人移民到美國的人很多，但要做生意或辦身分證卻很吃力，他們需要律師為他們辦理營業執照或居留……等太多事情，但是越南人的律師很少，找美國人，又怕種族歧視，可是如果找到我老媽就方便多了，她是越南人，老公是美國律師，這對越南人來說，又親切、又有保障。總歸美國律師在美國就是不一樣，每個案子都處理得非常圓滿，此時媽媽真是如魚得水，幫她老公事業做得有聲有色，從華盛頓，一路又轉戰加州ＬＡ，直到現在，連Vegas內華達州的律師執照他也有，所以老媽今天想回來看我，就可輕鬆地飛回來，完全沒有金錢的困擾，這是她年輕時努力讀書換來的美麗晚年生活，她讓我知道，一旦有了夢，就必須隱忍吃苦，在無人了解的情況下，默默付出，總有一天，夢想會實現的。

媽媽從一句中文不會講，到如今能說能寫，到一口漂亮的英文，我身上既然流著她的血，我當然設定目標之後，也會全力以赴，實現夢想，現在我的夢想就是戰勝血癌、出書、演講、唱歌、重回舞台，做孩子的榜樣，我自許父親的行為，就是給孩子的最大資產，此刻我只有日新、月新、正確、快樂地享受人生的每一步！為自己、也是為孩子、為社會，將餘生散發更多的光和熱。二〇一二年的聖誕夜真讓我印象深刻，因為它平淡到讓人難以忘懷，平常每年的聖誕夜對藝人們而言，不都應該是登台歡聚，高唱應景的聖誕歌曲嗎？但二〇一二年就是不一樣，記得當天我在醫院仍然樂觀地對「菜肉餛飩」和「榨菜肉絲麵」給了最高的評價，我認為我很幸福，特別是前一天阿寶、寶妹來看我，在我而言，我就是世上最幸福的人了。

不錯，我要強調「世上最幸福的人」這是多麼令人羨慕的句子，誰敢說自己是「世上最幸福的人」，是億萬富翁？是中了樂透？還是得到奧斯卡金像獎？無論是什麼，想榮享「世上最幸福」確實不容易。而我就敢說「昨夜我真有此感受」。就因為阿寶和寶妹來看我，而且病榻旁還有一個日夜照顧我的大女兒葛曉卉，才讓我有如此深刻的感受。說起我的大女兒，身為爸爸的我，給她的照顧與關懷實在很少，但歷經這幾十年的風雨人生後，在血脈親情上，卻愈發感受到一種對她的需要。沒想到此次罹癌住院，她無微不至地照料我，雖然彼此並未深談從前，但心靈上已拉近許多，可是在我內心深處，仍對她存有無限的歉意和感激，但這些話，只是擺在心裡罷了。至於二女兒葛曉瑩，我同樣也有這種深深的感觸，沒想到，我生病期間，她竟生了個胖娃娃，讓我的葛氏家族又多了個成員，新生命代表新希望，這是一件喜事，讓我心裡既開心又滿足。

人在不同時間、不同年齡，對天下事物的看法，應該會有不同的定義，但六十三歲的我，經歷人生無數，最後在醫院面臨死神的召喚前，我才發現，我只想和小孩依偎在一起，哪怕只有短短的半小時，也許我真的發現身邊沒什麼親人；固然母親、姊姊、大女兒、二女兒都是親人，但如今他們都獨立了，完全不需要我，所以我對他們而言，並沒有那麼重要。加上這些年來，媽媽、姐姐都常住美國，大女兒、二女兒又都有自己的家庭。我自然把注意力都放在現有的三個小孩身上，阿寶、寶弟，一個十八、一個十五歲，也應該懂事了，而寶妹只有十歲，她蘋果般紅紅的臉蛋，不懂事地一直玩手中的iPad，我真想一直抱著她，告訴她「爸爸想陪妳一起長大」，但此刻的我，自己又有幾分把握？以後長大了，她會記得爸爸生病時，曾來看我的點點滴滴？所以只要她在身邊，我就滿足了。二〇一二年聖誕節就這麼過去了，我對著窗外大叫一聲，如果明年聖誕我還活著的話，我一定要「不一樣」！

今天已是二〇一三年四月二日，又過了小半年了，時光荏苒、歲月如梭，身體要趕緊加油啊！再重返社會有番作為！我想這就是人生的矛盾。在醫院時，能有小孩相聚，就是「世界最幸福」，一回到社會又想呼風喚雨。若往後也能學會平靜和平淡地過日子，我想也許這才叫「脫胎換骨」吧！這種的領悟，到目前還是解不開，一切就隨緣吧！目前我卻是發現，過去的生命似乎一切都是定數，生命劇本寫好了，我本人，只是照劇本走一回，不是嗎？

愛情文藝片

想想「專家」這兩個字其實很有意思，我們一生中應該相信專家，因為能當專家就是「不一樣」。

民國五十七年，認識了瓊瑤，因為投緣，我就用瓊瑤的小名「鳳凰」，也就是火鳥，組了「火鳥合唱團」，當然瓊瑤也自然成為我最大金主，贊助我們服裝及演出。後來因團員有些更動，所以合唱團也改成「卡士摩」合唱團。那時候到瓊瑤家去，聊得最多的不是歌唱，而是女朋友。因為當時我在狂追英文系大一的新生李榮容，所以常常要瓊瑤姊幫忙出主意，想想「專家」這兩個字其實很有意思，我們一生中應該相信專家，因為能當專家就是「不一樣」。瓊瑤的愛情文藝小說，已影響兩岸半個世紀了，肯定是戀愛的「專家」，所以我和李小姐雖然很難有「善果」，但經過瓊瑤姊的指點，我也算讓李小姐對我愈來愈好，但好景不常，由於她家人反對，她被母親強迫安排留學美國，我和她只有走上「無言的結局」，可是真正的生命劇本，才這樣正式展開了。

我大學畢業退役之後，想唱歌又沒路，整天無所事事，說巧不巧當年的大導演白景瑞正要拍一部愛情文藝片，找上瓊瑤要拿劇本，瓊瑤本能地大方表示：「書櫃上我的作品，任君挑選，想拍哪一部，就哪一部。」但白導演竟說：「所有小說我都看了，但就沒有我要的劇情。」瓊瑤：「你要什麼劇情？」白導演：「一個年輕小伙子，愛好熱門音樂，愛上富家女，女方家長看不上搞音樂的小伙子，要讓女兒找門當戶對的男孩才能出嫁。」瓊瑤一聽這不是葛元誠（我的本名）的故事嗎？於是瓊瑤小姐把我的故事寫成小說《女朋友》，而裡面的男主角就叫「高凌風」，電影的主題曲「大眼睛」就請我主唱，我的唱片由歌林唱片發行，我的藝名就從以前的「葛元誠」改成了「高凌風」。一個人的命運也從此改變，直到最近生病，她仍是最關心我的人，真讓人感動、窩心。

當年華視在老三台的時候起步是最晚。華視的第一個綜藝節目應該是一九七五年《迷你迷你》，由葉天健先生製作，羅小鵬導播，當時主持除了我，還有三個美女搭配：周丹薇、李嘉娜、周明慧（不一樣、洋洋洗髮精廣告），之後華視為了發展綜藝節目，由葛士林製作，林義雄導播做了《陽光、綠野、攝影棚》九十分鐘的第一個大型棚內加戶外的娛樂節目，我是第一個主持人。之後在民國七十年，林登飛做副總時，接下來《臨風高歌》在豪華酒店錄影的綜藝節目，當時的老搭檔是楊忠民，他是岡山的老哥兒們，又愛打麻將、喝酒，大夥這些老兄弟加上熊海靈、馬世莉、張正藍、鍾情、史萍萍，一票美女，還有工作人員、樂隊指揮詹老師、製作人廖守義……太多太多華視當年的長官，三哥、陳六哥、阿珠、阿花。

從此過著夜夜笙歌，紙醉金迷的歡樂日子，沒有人相信，樂隊及製作團隊，每天錄完影就是喝酒聚餐，結果錄影內容愈來愈精彩，甚至樂隊在表演時，所有的喇叭手可以一起扭腰擺臀，並且不時地耍弄樂器，將樂器拋向空中轉動，鮮活畫面讓觀眾看得如癡如醉，噱頭十足的團隊精神發揮得淋漓盡致，充分展現綜藝節目的朝氣活力，三十幾年過去了，我再也沒看過任何電視台有像當年華視樂隊的那種澎湃熱情了。當然華視一棚《臨風高歌》的輝煌故事永遠說不完，但最精彩的一段應該是當年副總「林登飛」特別疼我，所以常到棚內打氣，記得有一天林副總又來看我時，我說：「報告長官，每次要換衣服還要到地下一樓很不方便！」結果副總一看，當時在一棚內有小儲藏室，裡面放了一架鋼琴，當場交代，明天把鋼琴移走，立刻請人修改這儲藏室。結果果然令人興奮，第二天一間全新的小型化妝室就在一棚的角落出現了。現在所有的大牌主持人都在這間換衣服，很多人都奇怪，為什麼一間攝影棚，卻單單會出現這麼小的一間化妝室，這是什麼設計概念？所謂點石成金，我們當年「點」倉庫成「化妝室」，也夠風光了！

今天從榮總跑出來，治病的同時，看到當年的華視小生潘安邦也走了，不禁感到歲月匆匆，逝者如斯，三十年竟在彈指間就過了，而過去的種種卻是那麼清晰。

台灣演藝圈並不團結

團結力量大，這麼簡單的道理，在台灣卻變成各掃門前雪，這是台灣娛樂圈的悲哀，也是要正視的問題。

二〇一二年四月一日是張國榮成仙十周年，香港那麼多藝人懷念他而舉辦了演唱會，所謂「一躍成蝶」，這一夜，風繼續吹，看到香港紅勘舉辦的「繼續醉愛十年．音樂會」，張學友、莫文蔚等二十二星接力演出，以歌聲追念他，再想想鳳飛飛三月三十號的音樂會，被評為鳳飛飛走一年「人情散」，鳳迷嘆沒大牌，台灣藝人的不團結，實在令人憂心與難過；若能重出江湖，這個問題不解決處理好，台灣在演藝上永遠是難成氣候的。因為團結力量大，這麼簡單的道理，在台灣卻變成各掃門前雪，這是台灣娛樂圈的悲哀，也是要正視的問題，我想我若身體好了，責無旁貸地要讓演藝圈團結起來！以前我認為是張菲破壞了團結，後來看看是余天被民進黨利用了，現在想想在台灣也許有一個人可以把大家凝聚在一起，那就是豬哥亮。但仔細想若什麼事都叫別人做，也太不實際，乾脆！之後我病好了，自己來整合，這就是發願，也是生命的意義吧！

林青霞、鄧麗君，在八〇年代，真是所有男人的超級偶像，更有很多女孩也會說「我也好迷她喲！」對現代的人而言，鄧麗君已經被「神格化」了，不但每年她逝世周年有人要做電視紀念會，或不停地到她墓園參觀祭拜。就算在平常的日子，全世界最少也有兩組到三組所謂「小鄧麗君」的歌星，在各地做巡迴演唱，所到之處，都受到群眾熱烈的迴響，人們都希望從山寨版的小鄧麗君身上找到真實鄧麗君的一點氣息，也可感受一下八〇年代當時物質生活匱乏而闔家歡樂精神愉快的一種氣氛。

而林青霞這位電影圈中的超級大美人，本已嫁入豪門，不再拍戲，而被人們慢慢淡忘掉，但她突發奇想出了書，變成作家了。這一下兩岸三地，她又成了熱門話題，至少新一代的小朋友，又注意到原來八〇年代的美女，確實氣質出眾，仙女下凡不過如此；對她過去的作品，及她的浪漫情史大夥兒又重新想要瞭解一番。當然說到演藝圈不是電影就是唱歌，而八〇年代兩個領域的兩大巨星，兩位美女，若有男士均能一親芳澤，當然是令人羨慕的，但就算沒有達到目標，卻能相約出遊，對巨星風采的美女內心世界，有所探索，也是人生難得的經驗。記得當年我明知追求她們是高難度的「希望工程」，但我卻早有遠見，三十年後告訴子孫，爺爺當年追過某某巨星，特別是兩位當年最紅的美女，兒孫對老爺爺一定另眼相看。像最近兒子寶弟就常問我一些當年秀場的問題，偶爾也會確定一下：「爸！你認識鄧麗君喲？那你真的有追嗎？有追到嗎？」可見這對下一代而言，這是一個重要的觀察指標，是老爸生命歷程中的重大成就。

八〇年代南京東路已經很熱鬧了，入夜之後更是迷人，在二段與新生北路的交叉口上的地方有一家「韓一館」燒烤店。說來，這麼重要的店，我一生只去過一次，就是第一次約「青霞妹妹」時，她帶我去的，當晚我們沒有唱卡拉OK、或去跳舞，我們跑到圓山飯店的花園小路上漫步、閒聊，當然這也證明當年我確實太嫩，記得當時我剛發了第一張專輯唱片「大眼睛」，在圈內也算剛起步，敢約林妹妹已經不簡單了，現在回憶起來，她比我成熟多了，一切她在掌握。之後，一九七七年到馬來西亞宣慰僑胞，真是一趟美麗難忘之旅，因為當時林青霞剛因《八百壯士》得到亞洲影后，而且同行的還有白嘉莉、蕭麗珠、秦漢……等多位重量級的明星，所以當我們到了馬來西亞機場，一上專用巴士，一路上就是影迷騎摩托車瘋狂追逐。

當時我認識了我馬來西亞的第一個好朋友「威廉鍾」，大家都說他是「鋼鐵大王」，每天表演完就就接受「威廉」的消夜款待，他總是會去找一家露天海鮮火鍋之類的店，大夥又可喝啤酒，而且露天餐廳有一種南洋熱帶氣候的浪漫風情，當時大家年紀都輕，當然是不醉不歸，盡情歡樂享受。訪問馬來西亞日期很短，大夥結束後都返回台北，但我和青霞及她母親就繼續在那兒度假，我們去檳城，記得當時很多遊客都找青霞拍照留念，有些外國人不認識她，就問我，她是誰？我很驕傲地用英文說：「Asia Movie Queen」亞洲影后，說完以後，自己突然也覺得滿有面子的。年少虛榮心作祟，由此可見一斑。

在馬來西亞不去雲頂走一圈，對當年有行情的人而言是不可能的，威廉安排了直升機從吉隆坡出發，一上飛機，我記得青霞走在我前面，我看她小腿很美，但不夠直（我真太挑了），沿途森林風景盡在我們腳下，其實現在想想還滿危險的，因為當年這些交通工具，安全都不太好，後來這條線的直升機真的出了事，之後就停飛了。不過上雲頂賭錢只是為了好玩，但卻成了威廉、我及林媽媽最難忘的回憶。話說上了山，賭場當然安排VIP室給我們，而威廉就大方地拿了一堆籌碼給青霞及她母親還有其他女歌星，人手都是一堆籌碼，為了好玩大家都在同一桌玩輪盤，玩得不亦樂乎。

有趣的是青霞母親，只要一贏，立刻用山東腔調的國語說：「好玩、好玩、木假（沒有假）」，但只要一輸，她又立刻說：「有假！有假，不好玩，有假」。哈！威廉現在經過三十年了，見到我還是常說：「好玩，好玩，沒假。」我和威廉又陪青霞去看了一部她在台灣拍演，卻不能在台灣上映的電影《窗外》（瓊瑤打官司不能演）。記得青霞媽媽也很有趣，半開玩笑說威廉年紀不小了，怎麼叫我「伯母」，把我都叫「老了」。時光匆匆，半年前我正好到馬來西亞為兒子辦入學手續，飛機上遇見威廉，當然我知道目前他至少是「八家上市」公司的老董或董事，但和他聊天時，他竟說：「現在景氣不好做喲！」我的媽啊！百億身價的人，還是有些小煩惱和不滿足，到了下飛機，我更驚訝，他的皮箱好大，竟然還自己手提，沒有助理，我頓時不知所措。我在想，以我現在的身價，沒人幫我提行李，我都快受不了，何況他是什麼人物？唉！只能說：「在某種情況下，我們生活到了一定程度後，有錢、沒錢，差別也不大」，大家都是坐飛機，最多不就是商務艙或經濟艙的差別，吃也不敢多吃，每天也是忙、忙、忙，事業永遠煩、煩、煩，家家有本難唸的經。知足常樂，人人都談感恩惜福吧！不過一山還有一山高，懂得把握自己擁有的，才是世上最幸福的人。

那年青霞和母親離開馬來西亞後，就和我飛到新加坡，當然我也安排了人接待，最得意的就是我和青霞的Hilton飯店頂樓「泳相會」，一個大泳池，只有我和她在游，當然她媽媽坐在池邊監護，一切就變得平淡無奇了。記得有天在百貨公司閒逛時，青霞突然看到香港紅歌星「羅文」，我看她表情很興奮，而且還重複說了幾次：「那是羅文哪！」我心中暗想，原來當歌星還是挺拉風的，大明星也會崇拜歌星。我心暗想：「我該加油了！」回程經過香港，被香港狗仔拍到，報紙斗大標題：「青霞新戀曲，高凌風代替王羽的地位。」這是無中生有，但我不介意這種聳動的新聞，終歸跟青霞的名字擺在一起，也是人生快樂的回憶。往後的歲月，青霞男友從來沒缺過，但有機會，我還是想約她出遊，直到有一天在金山party凌晨一點結束後，大家賽車回台北，一路飛馳，但卻在半路上出了大車禍，我的這部車把金山一處民宅都撞倒了半邊，事情鬧大了，大家都怕上報，從此就少聯絡了。

年少輕狂，其實如果每一次一不小心，可能不僅是上報，更可能賠掉一條命，偶爾我教育小孩時，很想教育他一些人生的道理，但想想自己過去的種種，發現太多時候，我們長輩也教了我們很多，為什麼我們就不聽呢？為什麼我們同年代很多人都不幸先離開了世界，而我們仍然在這奮鬥呢？是我們的業報還沒到？還是先走才算是解脫，才算是福報呢？看看我們最美歌聲的鄧麗君，若不是十幾年前先走，若現在還在演唱，或到大陸登台，也許阿妹的氣勢會慢慢追上她，就像周杰倫把以前的男歌星甩在腦後一般。似乎死亡可以把成就定位停格下來，甚至於因為死亡的遺憾，可以把人的成就無限上綱，麗君妹妹應該變成神了。有先見之明的我，早就知道這樣的美女不追可惜，所以我才不惜請瓊瑤姊助我一臂。

當時瓊瑤告訴我：「高凌風，你太花心，你追不到她，所以我教你，你送她一朵花，這花的名字叫『一串心』，就說你自己也有一串心都送她了，這樣機會比較大。」瓊瑤姊老公平先生更有趣還在送花的紅絲帶上，題了兩行字「問彩雲何處飛！願今生永相隨，有情緣能相聚，死也無悔」。當我把這花送給鄧小姐時，她羞到掉頭就跑，好在當時「菲哥」我的好兄弟又把她勸回來，參加我為她設的超大浪漫消夜party。

酒過三巡，四、五十位演藝夥伴都是盡興的酒足飯飽紛紛離去，最後剩下我和小鄧兩人，當然也是我和她在高雄異地相處最有機會的一個夜晚，只見我和小鄧都不勝酒力癱坐在地毯上聊天，當我不知道下一步該怎麼走時，小鄧開口了：「大哥，還有酒嗎？」當場我就暈倒了，幾十個兄弟幫我都灌不醉她，此乃天意啊！我只有放棄投降了。隔天張菲告訴我：「哈子，昨天小鄧問我一句話『張菲，你為何都是為朋友著想，為何不為自己著想？』」張菲表明了心意，知道小鄧對他印象較好，超過我，我只有祝福了。我跟「菲哥」的恩怨情仇，此生沒完沒了！

Chapter 7

濛濛煙雨

作詞：瓊瑤　作曲：張勇強

第一次偶然相逢　煙正濛濛雨正濛濛

第二次偶然相逢　煙又濛濛雨又濛濛

從此後驚濤海浪　愛也洶洶恨也洶洶

從此後天崩地裂　恩也重重怨也重重

想當初何必相逢　煙正濛濛雨正濛濛

細思量寧可相逢　煙又濛濛雨又濛濛

問世間情為何物　魂也相從夢也相從

嘆世間情為何物　生也相從死也相從

從此後天崩地裂　恩也相從怨也相從

生也相從死也相從

信仰

記得當年剛開始成為母娘的契子，有拜母娘的朋友告訴我，要成為契子，一定要到花蓮，去總堂上香，這才真正算入道教之門。

金錢對現代人而言，肯定有它積極的意義，很多人有錢之後，又能錢滾錢，同樣的，很多人卻守不住，這是命運，還是智慧，或是人的個性使然，人生走一回的今天，我不禁要感嘆，如果這也是天意，一切我們就可看淡一點，但是人在每一個當下，因為尚未走完人生的盡頭，所以永遠不會了解。這和人的福報有關，若福因種得不夠，金錢縱然到手，也會在另個時空中，不知不覺又溜走。在過去十年中，我從一無所有，自己夢想著能有五棟房子，而每棟房子的貸款全部付清，我自己住一棟，然後四棟租出去，這樣我不工作也可過日子。老天很眷顧我，真的讓我夢想成真，淡水、桃園、新店、安康、上海各一棟，結果把上海房子賣了之後，原本計畫將這三千萬台幣付清安坑、淡水及另二處的房貸，從此過著「無債一身輕」的日子，我卻偏偏在此時，把三千萬現金拿去廈門投資金融生意，不到三個月本利全部血本無歸了，現在進入痛苦的司法階段，身體可能真受不了這太大的打擊，而罹患血癌，可是這樣的事件，在自己的生命中，竟不止一次，而是一直不斷重複地發生。

好在當年（一九八七年）我患憂鬱症時，我有機緣在LA西來寺見到了佛光山的創始人「星雲大師」，他送了我他的著作《星雲大師演講集》，我非常喜愛大師的書，也開始接觸了佛法。真奇怪！所有的煩惱，看了書以後，都可以找到答案，很多煩惱，自然就消失了。當然佛法的層次其實是很多面向的，看到一兩句話「凡一切相皆為虛妄」，以為從就悟道了，其實到了生活中，人很快又變得現實而重利，常常瀟灑不起來。記得當年再回演藝圈，每次要再接受訪問時，我都說：「目前一切都看得很淡了，成功與否，我都不在乎！」沒想到，記者立刻不以為然的回我一句：「既然你都看那麼淡，我們還訪問你幹什麼？我們何必還幫你報導？」哇！一句話就被堵住。所以我還是要像常人一樣，處處計較，爭名奪利，又回到世界的大染缸，這就是人生，隨波逐流。為了生存，除了唱歌，有錢賺還是要賺。

一個平凡的夜晚，遇見了老友「阿邦」他正在做一個賺大錢的生意「中華大佛山」，在金山他要開幕，但大佛像需要加持，當時聘我在他公司當顧問，大夥研究找哪位大德高僧來「開光」呢？

討論過後，只有兩人；一是受尊敬的證嚴法師，另一位是「星雲大師」。我自告奮勇說我和星雲有緣分，願意試一下，沒想到電話到高雄，大師說過兩天會到台北來，大家可見面再談，當面再見到大師時，師父非常熱情，也樂意幫忙，但大師說：「我去中華大佛開光，師出無名，如果當天有幾十個信徒，或青年朋友願意皈依佛門，那麼我去主持一個皈依儀式，這樣就順理成章了。」啊！太好了，眾兄弟就在互相邀約支持之下，至少五十人以上，一起皈依到師父名下。而中華大佛山也請到師父去「開光」破土。

第二天報紙更是斗大的版面，寫著：「星雲大師為『中華大佛山』開光點睛」，這不得了，朋友做的是「靈骨塔」的生意，師父一出手，這可是讓「大佛山」麻雀變鳳凰，仔細一算產值可是上億的大事業。師父一回高雄，很多信徒都去告狀，說師父被騙，師父上當了。正當此時，我也和阿邦及公司一群人到佛光山再去謝謝師父，師父當面告訴我們一句讓我們終生忘不掉的格言，師父說：「被人利用是一件非常快樂光榮的事情。」我們又覺得慚愧，又感到師父真是一代大師，心胸之寬大，豈是一般小民所能了解。之後有人告訴我：「如果能勸人『皈依佛門』這是大功德。」哇！我真沒想到，當年為了配合師父的作業，而邀約了一幫「道友」進入佛門，以至於在人生過程中往往可以逢凶化吉，現在感受一下可能這就冥冥之中我還做了點事情，人生太多事情，不需太計較，我們可能失去金錢，但另外一個角度，你可能撿回一條命。

公益性演講

此時此刻的台灣，失業率愈來愈高，很多人在工作上都不順遂，當時有個公益團體的負責人找我去師大做一場公益演講。

我以前生意失敗就想死，現在不同了，看看台灣首富郭台銘，他弟弟郭台成得了血癌，和我一樣的病「急性骨髓白血症」，他花再多的錢無法保住弟弟的生命，相形之下，我能保住今天的命，這不是金錢可以衡量的，而是在這世上，每人因不同的業力而來到世間，每人有不同的功課要完成。郭董的弟弟走了，但他發更大的心願要去為癌症病人找生機！花更多的錢去救世人。

弟弟走了，卻可能又救了更多人。我今天是什麼人，自己並不知道，但我今天若活下來，應該未來對血癌患者給他們一些生命的啟示，特別是一些小朋友，很容易就得到血癌，其實我們最近研究，那只是小孩子飲食不當的緣故，如果他們少吃一點糖，少吃一點冰，或油炸的食物。多運動，睡好覺，過幾天他們所檢查出的白血球過高，血紅素太低，什麼血癌，白血症，慢慢就會消失了。但是因為錯誤的醫療系統，如果馬上告訴父母說，他們的子女患了血癌，我想家長、小孩都會嚇死了，接下來就是安排「化療」。我的媽啊！這小孩不死也半條命，我今天會得血癌，又去化療，化療三次又失敗，又遇見牛樟芝的涂CEO和經絡學的黃老師，這一切都是命中注定，所以我要在這再三提醒，應該說血癌不是癌，也一點不恐怖，只是千萬不要化療，用中國醫學的角度，針灸、足療、穴道、經絡按摩、食療，增強免疫抗氧化，放鬆心情，特別是放空的心態，這都是讓身體產生自癒力很好的方法，此刻不宜情緒承受壓力，以及太多煩躁的事務憂心，這些都會使人的細胞產生病變，所以去了解病因，再做調整。

癌症並不可怕，只是我們真的碰上了，又能痊癒，這樣的生命經驗，一定要與朋友分享，而且也一定會因為自己走了這一趟路，相信在未來的人生旅途上，能救上百人千人的命，這一切應該就值得了。在北榮總的日子，從錄音機的紀錄，我清楚地知道在二〇一二年底的時候，我身體已經有點吃不消了，腸胃不好，整個人也非常虛弱，但這段時間有一部電影卻深深影響了我，《Life of Pi》《少年Pi的奇幻漂流》（李安）的電影，剛住院時，寶弟從馬來西亞傳了APP給我，說他看了一部很正點的電影《Life of Pi》。我很高興，因為寶弟只有十五歲，他懂得欣賞這部電影，表示他理解力還不錯，接下來我希望女兒阿寶去看，因為我住院，肯定不能去，那女兒看完之後來醫院看我，就可和我分享內容，結果阿寶也看了，告訴我很好看，但就在這同時，一個護士告訴我，她有那部電影的原著小說，我太開心了，我雖不能去戲院看，但我看小說一樣能滿足我對這部片的好奇。當然我無法一口氣看完整本書，於是每天看一點，特別是在醫院每天都滿無聊的，有本小說打發時間，真是再好也沒有。可是小說愈看就愈想馬上到戲院，去看看我們大導演到底把小說內容所描述的這一切，是如何呈現在電影裡。

隨著二〇一三年奧斯卡電影的頒獎日期愈來愈近，李安的名字和少年Ｐｉ的電視新聞幾乎天天再播放，等到我二月一號離開台北榮總，這電影竟然還在上映，出院四天我顧不了白血球太低，容易感染的危險，我就直奔戲院去享受看電影的超級樂趣，對一個本來要和死神報到的人，突然又回到戲院，其歡樂指數，一百是滿分，此時此景至少也有九十五分，真是太樂了。這部電影對我而言，意義很深，因為少年Ｐｉ他經歷應該是奇蹟，而他不得不相信，世間真有上帝，是上帝把他的命留下來的。那我今天也必須說，我的命是母娘把我留下來的，因為和母娘這段緣分，實在是有點玄奇，也讓我的人生變得更多采多姿而不可思議。

這就要從我的第一次公益性演講說起：二〇〇〇年我開始重返演藝圈，當時在八大電視台，有個節目叫作《主席有約》，內容是以模仿政治人物為主，而我就是模仿當時的行政院院長「張俊雄」先生，此時此刻的台灣，失業率愈來愈高，很多人在工作上都不順遂，當時有個公益團體的負責找我去師大做一場公益演講，內容是以我自己為例，過去曾如何地風光，但失敗後，因為不放棄，又重回舞台，希望我去激勵一下現場來聽課的朋友。

負責人告訴我，這次演講是沒有酬勞的，可是當下的我，是非常認同這種講題。而且想想自己也沒有什麼演講的經驗，就去練習練習吧！沒想到第二天中國時報做了一篇專題報告，內容是告訴所有演藝圈的年輕朋友們，有機會都該去聽高大哥的演講。因為我是發自內心，將自己當年身為全台炙手可熱的男歌星是如何風光，到我再看到昔日身邊小弟胡瓜已手握主持棒，高高在上，而自己卻要做模仿秀，在棚內戴假髮、黏眉毛，痛苦萬分，但只能賺胡瓜酬勞的六分之一，這種場景、這種心酸，高凌風卻能甘之如飴的與大家經驗分享。台下觀眾聽得入神，中國時報的記者也有所感觸；於是，一篇報導文章改變了我的命運，因而從那天起，我由業餘的演講者卻變成了正式的講師。沒隔多久，我很幸運地遇見了幽默小品作者賴淑惠老師、南山處經理張淡生及陳亦純三位老師，他們都是演講高手又願意認真指導我，如何成為專業講師。沒想到於二〇〇六年，我遇見了我生意失敗時的「成功學」老師陳安之先生。

當年他的課程是三天六萬台幣，他說：「高凌風聽說你也會演講。」我說：「是的。」陳老師興奮地告訴我：「我在大陸有很多的培訓課程，有空就一起來，共襄盛舉吧！」沒多久我和張淡生，胡立陽（股票名嘴）就到了深圳、上海，和陳安之老師一起開始了巡迴演講的日子，我的演講會精采、熱鬧，因為我有趙伯乾音樂老師；我說到那，他的音樂就配合到那，甚至我就隨機高歌一下，哈哈！當然精采。除了去內地演講，台灣我也在二〇〇四年，辦了我歌唱三十年的個人演唱會，此時的我慢慢恢復當年豪氣。正當我又開始意氣風發時，接到一個小姐的電話，她希望我去參加她阿姨的頭七法會，我說：「妳怎麼認為我認識她呢？」這位小姐告訴我，當年她先生就是請我去師大演講的人，而當時請我去的主因就是她阿姨建議的。她阿姨說：「演藝圈有個人，起起落落很適合這『失業再站起來』」的主題，所以就找到我。不可思議，在我心中一直想去找當年找我演講的這位「先生」，因為沒有「他」請我演講，我就不可能在我下半場人生裡，以演講做為我的職業，甚至是我的志業，所以「他」算我的恩人、貴人，但此刻一聽，才發現我的貴人已成仙了。

沒有「阿姨」的推薦，怎麼會有我的演講？可是奇妙的是她竟在離世之後，可透過她的甥女再找到我，這就很有意思了。所以這個辦法會的地方，我就很想去看看，聽甥女說：「因為她發現阿姨朋友很少，如果辦法會、摺蓮花，都沒有朋友來送她一程，實在孤單，所以她才想起我，希望我送她阿姨一程。」她阿姨藝名「風鈴草」，在我們秀場年代是個大美人，皮膚白，身材更好，當年她還在東南亞一代很受歡迎，凌峯、張帝他們老一輩的對她都不陌生，我當然也記得她，只是沒想到，歲月匆匆，竟然沒有再見她一面，在最後而是這樣的送行方式道別離。到了法會的宮廟，我當然特別注意，這中間可能有些玄機。來到宮中一看「青雲雲海宮」，是拜瑤池金母的，宮中負責人是鄭老師和師母，聽說老師那兒可以問事，也就是了解一下自己未來的事業、身體、運途，所以既來之則問之，當然老師本人無法回答你任何問題，而是請示母娘後，母娘藉著老師手上的筆，來傳達指令及意涵。

說起來還滿神奇有趣的，特別是母娘的批文不但可從一篇直式文章中，由右到左一行一行地橫唸出來，而且往往更可從右邊的第一字，以V型的字體再唸到左邊，但內容卻是你要找尋的答案。此刻我急欲了解一下我剛開完演唱會，身體、運勢如何？但萬萬沒想到，我心中其實對現狀非常得意，而母娘的批文內容，對我卻警惕很大。首先說，我身體不好，問題很多，必須做大量的調整，起初我並不以為意，但仔細看看現在自己的身體狀況，再看看母娘的批文，不得不發現，天下之事，我們懂得太少了。老師根本不認識我，而我也完全不了解瑤池金母，但從接觸的第一天開始，母娘就成了我的生命導師。我有疑難雜症就請益母娘，特別要去大陸發展，要去哪家電視台表演，我都可把電視台的地址、負責人的姓名稟報母娘，母娘自會下文來指點我迷津。

機緣

原先他們要我到花蓮去看母娘的發源地，結果我竟然就到了母娘大陸的真正發源地，這是永遠不可能的巧合。

記得當年要去安徽電視、或江蘇衛視一事，母娘直接告訴我江蘇衛視對我有利，接下來我也在江蘇衛視大大地出了風頭，江蘇衛視的《名師出高徒》，我不但從評審變成了老師，還在比賽中得到第一名，而且也把徒弟鄧寧帶上了演藝之路，這對我而言，確實是值得安慰的，也因為母娘的指點，我的路愈走愈順，更重要的是，這些結果都是在老師的宮裡，母娘早早就批文告訴我了！

當然除了老師的青雲雲海宮而外，我也去松山慈惠堂和郭堂主請益，因為機緣，母娘又指名，我和白冰冰為興建「紐約母娘廟」，而前往和僑胞信徒共同歡樂，兒子寶弟也跟著我去並和他心中的棒球偶像王建民合照，變成寶弟快樂童年的一個重要記憶，也是我這老爸引以為傲的地方。

當年剛開始成為母娘的契子，有拜母娘的朋友告訴我，要成為契子，一定要到花蓮，去總堂上香，這才真正算入道教之門，我說：「抱歉，因為我明天要去大陸，所以暫時無法去花蓮。」結果去大陸時，正好到烏魯木齊演唱，唱完後第二天留下來，大夥兒去天山遊玩，結果我們坐船遊天山之水，看海拔三千公尺的美麗山嶺，遊到湖中央，背面的山竟是王母廟。我的媽呀！原先他們要我到花蓮去看母娘的發源地，結果我竟然就到了母娘大陸的真正發源地，這是永遠不可能的巧合，但是冥冥中，要和你結緣，要讓你相信神蹟的時候，任何巧合都會出現，去讓你深信不疑。不錯！世間之神，千千萬萬，而能和你有緣，並在你人生困境中指點你迷津的，到底是上帝、阿拉、媽祖、觀世音，還是母娘，正是一個考驗個人信念的問題，當我們大家都相信，世界、宇宙一定有一個主宰時，這主宰世界之神只是用不同面貌與世人接觸，而世人也以不同機緣，去相信，去接受他們自己的信仰。當然「祂」的名稱是什麼，只有因人而異，但對我而言，我會依循母娘的指示，作為我生活的依歸，所以此刻的我，正因為母娘的安排，每日固定的吃「牛樟芝」並接受「黃老師」的經絡治療，我和黃老師都相信，我已脫離血癌了，出書那一天，應該可以證實吧！

今天是二〇一三年四月六日。其實談到母娘，我如果是契子，也不算是稱職的契子，說實在慈惠堂堂主非常疼我，但我一年就回去兩三次，也沒有為母娘效勞。記得五年前，堂主提出要辦慈善晚會時，我就一口堅持要辦就在小巨蛋，這才有氣勢，國父紀念館太小了，結果慈惠堂上下一心，全力以赴，成果非常圓滿，從此以後每年都順利而且隆重的辦理母娘相關歌舞節目，以及一些孝行頒獎活動，讓信徒們與有榮焉。當然我也受到堂主、主委及師兄姐熱情的愛護及推崇。這次生病，堂主不辭勞苦數度去榮總看我，又交代做了上好的雞湯給我補身，想想自己何德何能真是慚愧。每次看到堂主紅紅的臉龐，充滿了風霜與堅毅的眼神，很難想像，這麼宏偉的慈惠堂，竟是一個如此纖瘦如仙風道骨的女子創建。

聽堂主說她每天一早起床，睡眠僅兩三小時而已，這讓常人完全無法置信，可是她就是神采奕奕地從早忙到晚，當然所謂不可思議的事還太多了。堂主書讀得不多，但現在能聽母娘指示，每週在堂裡為信眾釋疑解惑及指點迷津，並做許多有益眾生的事，包括：發放白米、捐贈救護車及復康巴士、幫助貧弱、發揚孝行文化，這些對我而言，真是愈想愈慚愧，想想堂主不用多言，卻持恆行善濟事，今後我真要學習懺悔、認真奉獻了。我今天會生病，相信一定自己業障很重，有位師姐問我，高師兄你是契子有經過一定的禮儀程序嗎？當時我傻了，我這契子有沒有在慈惠堂辦正式之禮儀，我也不記得，真不好意思，青雲雲海宮鄭老師告訴我，你在雲海宮有正式禮儀，但慈惠堂沒有，所以身為契子，在未來的歲月，一定要好好遵循母娘的教誨行事，否則真不配為母娘契子，但有一點非常有趣，就是因為我拜母娘，連得血癌這種病，我相信自己仍不會死，而且會更快樂的活下去，我們就一起看母娘顯靈吧，哈哈哈！

第三次化療

為當我看完《化療前須知》的這份同意書時，我了解這次化療可能已和前兩次不同了。

二〇一三年一月八號，正是我要開始第三次化療的時候，因為這次注射的劑量比前兩次高出很多，所以也會產生一定程度的危險，因此醫院在化療前，要求家屬必須簽下同意書，內容意義顯示這次治療所產生的危險，醫院是不用負任何責任，而且是預先告知的。我想了半天告訴醫生：「很抱歉，我在台灣沒有親人，所以連帶負責人就是我本人。」

當我看完《化療前須知》的這份同意書時，我了解這次化療可能已和前兩次不同了。因為同意書上寫得很清楚，如果出現「敗血症的中風、或感染造成的器官衰竭，均需自行負責」，既然如此，有些事我就不得不做準備了，所以鄭老師和師母前來看我時，我特別和他聊起告別式就在青雲雲海宮，簡單處理。憑良心說，老師辛辛苦苦經營的宮廟，非常莊嚴高雅，以往可能沒人在宮中辦過告別式，老師一口就答應在四樓幫我處理後事，我內心真有說不出的感動，也不知道這會帶給他們多少麻煩。當然，人一旦連告別的場面及形式都已安排好了。這時不免想再回味一下這一生所走過的路，大多美麗又難忘的趣味！沒錯，進軍大陸市場確是一段苦心經營又甜蜜的生命之旅。

二〇〇〇年首次和費玉清、于台煙、陳美鳳到中央電視台探路時，我們四人都無人認識，《晚安曲》誰唱的？《一剪梅》更不知道是「小哥」的作品，他開心地告訴我，沒人認識還真不錯，我們可以自由自在地喝咖啡。曾幾何時，二〇〇三年，費玉清和蔡琴在上海大舞台合作一次演唱會之後，名氣大開，以後的個唱、商演就唱也唱不完，加上和周杰倫合唱《千里之外》，使費玉清的觀眾從以前的婆婆媽媽一下降到十幾歲的小朋友，真是老少咸宜，大小通吃，這是命，以前我們會羨慕，現在比較淡定，因為人要追求的目標隨著年齡不同不盡相同。

不可否認，年輕時對於金錢多少？房地產多少？仍然有相當的迷戀，因為這些是可以給我們生活安心的基礎，不愁吃喝，沒有貸款，房子幾棟，存摺有多少現金，這些都是生命定心丸。一直到最近生病之後，突然發現，價值觀迅速改變。特別因為我得的是「急性骨髓白血症」，和我們台灣首富郭台銘之弟郭台成罹患的血癌一模一樣，郭董愛弟心切，為弟弟所付出的精神、金錢大家都看到了。但最後首富也感嘆地說：「再多的金錢，也買不回健康。」這就是剎那間，我的生命目標竟完全改變了。此刻的我，只要有一天多活著，我就可以看看北韓有沒有發動核武，也可看到馬英九的政權下場如何？當然如果看到兒子寶弟能有出息，寶妹嫁個好郎君，我想請問：「人的一切不就是麼一回事，走的時候沒有遺憾，壽終正寢，不就是生命的上上籤？」

這幾個小孩子是我心中掛念的寶

香港巨星

但真正和劉嘉玲、關小姐的快樂時光應該還是在餐桌上，因為走到各個城市都有最好的接待，最好的食物，最棒的美酒。

中國大陸的演藝發展，從二〇〇四年開始，也有了些許突破，其實天下事，就是「去做就對了」，記得二〇〇四年「黃董事長」在上海一個小劇場，請我去表演。當時一身本領，但上海就是沒有知名度，票房大概都是半買送堆砌起來，但收穫卻是讓人意想不到。

首先我在登台時，發現對我送花送紙條，或送信件的歌迷還挺多的，讓我有種成就感，特別是有一封信，她說她是從成都來的女孩，而且對我的演藝完全「瞭如指掌」，她連續來了兩天，我也好奇地請她到後台來，結果發現她在內地有個「高凌風論壇」，她是發起人，全國都有關懷我的朋友，這下把我弄傻了，這還得了，原來我在內地還有人在幫我經營人脈了。

當然我對這位小姐也就特別感激，一回生，二回熟，現在這位論壇壇主，已是我的好友「付殺小姐」。從認識她開始，她看見了我在內地如何打拚、衝鋒，她會因為我表演精彩而高興，也會因為我演出失常而難過，當然相信今天的她看到我活著就開心了。首次登台除了遇見這位「知音」而外，竟然也遇見了「衛康」隱形眼鏡的劉董事長，她對我的演出，感覺不錯，所以她就希望我參加她的「衛康全國酬謝顧客走透透活動」，當然她的代言人早有班底劉嘉玲、關之琳、胡兵，可說男的帥、女的美。

特別是這兩位香港美女，在內地實在太火，因為她們早期在香港拍了很多電影，所以對內地的人而言，她倆是可望不可及的巨星，加上劉嘉玲和梁朝偉的戀情，一直是大陸歌迷最關心的，所以劉嘉玲走到哪裡，歌迷影迷就捧場到哪裡。記得當時公司派任務給我，就是要在台上先唱一首歌暖場，接下來就介紹，劉嘉玲或關之琳出場，然後在台上訪問，做遊戲，最後合唱。其實公司會重用我，就是因為很多「衛康眼鏡」的客戶，為了看明星，都是從很遠的城市或鄉下跑來的，如果明星在台上，只有短短幾分鐘，怕交代不過去，所以他們需要我在台上盡量發揮，說、學、逗、唱的功能，更重要就是炒熱場子，而且能拖時間，讓台上台下賓主盡歡！

記得第一次見到劉嘉玲是在香港轉機時，公司告訴我，要和她一起表演節目，所以碰面後，應該先聊聊節目的內容，這樣在台上比較好發揮，沒想到我在機上和她打招呼時，她表情相當冷漠，讓我有不小受傷的感覺，心想這也是公事在身，我才來哈拉的，我又不是一般小混混，這種待遇我實在受不了。就在飛機起飛後，剛升空向上拉時，我發現隔壁的劉小姐已經閉目養神，此時所有乘客是不可以離座的，然而我卻不顧飛行安全，毅然決然地離開劉小姐隔壁座位，跑到另一個走道旁的座位去了。我心想，等飛機一平飛的時候，劉小姐一坐直睜眼就會發現，她身邊的帥哥已經不見了，我也要妳見識一下台灣青蛙王子的性格作風，所謂不打不相識。第二天記者會時，因為我又坐在她隔壁，如果再不打招呼，實在不禮貌，何況等一下訪問時，我們可能還要互相支援，所以我就輕聲地自我介紹了一下，也表明昨天飛機上是公司要我跟你先打招呼的，希望「劉大明星」不要見怪。沒想到大小姐語氣平和地說：「誰不知道你是誰啊？你就是那個追過林青霞，也追過鄧麗君的高凌風嘛！我聽青霞講過你嘛！」

不知道是喜還是羞，整個人進入到一種暈眩狀態，高凌風先前碰了一鼻子灰，今天倒有點成就感！既然都知道我的身分了，大家就像老朋友一樣，開始了我們大陸的全國走透透演出；各處造成轟動不在話下，甚至因為人潮太多，基於安全顧慮，有些地方是人到了，卻不下車，又立刻調頭離開，這些盛況，在大陸而言，應該是可以想像的。但真正和劉嘉玲、關小姐的快樂時光應該還是在餐桌上，因為走到各個城市都有最好的接待，最好的食物，最棒的美酒，記得有次到龍門石窟去演出時，當晚在餐宴上老總來敬酒，劉小姐就起鬨，要陪他和每個人乾一大杯白酒，結果大家觥籌交錯暢飲滿懷。第二天早上八點多我們都起床要去看大佛、賞風景，只見老總也到現場準備和我們一起去參觀，大夥正想讚美老總酒量好時，就看老總蹲在地上吐了又吐，我的天啊，宿醉到天亮，結果老總留在飯店，我們去參觀龍門石窟時，我特別從旁觀察，這劉大小姐一點事兒都沒有，真可謂女中豪傑。

記得有一次和她打麻將，說好放炮或胡牌，都要喝一杯白酒，總之一場牌打下來，就是不斷地乾杯喝酒，這種麻將我生平還是第一次打，以前覺得我們在秀場很瘋、很會玩，現在跟香港女生一比，才發現我們不夠看。可是真正讓我心服口服的是另一次晚上唱卡拉OK，邊唱邊喝，直到天亮七點鐘，已打破我個人喝酒時間紀錄。不服氣我又到劉小姐飯店吃早餐地方繼續喝，我不信邪，硬是要比出酒量高下，結果她拿出香檳酒來，我照乾不誤，最後她累了回房休息，我也坐車回飯店，當天中午要開會，我沒起床，最後劉副總（香港公司董事的弟弟），請飯店服務員開我房門，才看我爛醉如泥，我終於知道人外有人，不是別人，就是劉嘉玲，真的酒量驚人，也太會享受人生了。

死神召換的力量

若死亡時間未到，老天會派人來助你一臂之力，你可能就逢凶化吉躲掉死亡，這就是天意！

在過去的經驗裡面，其實也有與死神擦身而過的經驗，但也許太短暫，或太年輕，不太在乎，或說得明白點，只要沒死，你說發生事情的當下有多危險，對旁人而言，都沒有說服力，就如同一個小朋友去游泳，如果快要溺斃時，有個救生員把他救回來，大家就說：「好危險啊，快點謝謝叔叔！說『下次不敢了。』」最多就是這樣教訓一下，心中驚嚇一下，接下來大夥就高高興興去用餐了。可是仔細想想如果再延誤十秒鐘，這小孩可能就被海水捲走了，或救上岸，卻停止呼吸，回天乏術了。這就變成人命關天的大事了，一家人馬上陷入愁雲慘霧，整個家庭的幸福，未來的日子，就留下了永遠無法抹滅的傷痕。

而我過去從被砍斧頭、槍擊、到車禍、溺水、硬皮症、免疫系統失調；就因為老天眷顧，所以我幸運地走過來了。但這次的急性血癌，卻真讓我感受到死神召喚的威力，當然此時大家開始研究神的力量，老天的安排，到底是我們人定勝天，還是天要你亡，你就躲不過三更。其實這段時間正好就發生了一些身邊好友的事情，我們自然也會悟出冥冥中的陽壽應該是命定好了，若時間未到，老天會派人來助你一臂之力，你可能就逢凶化吉躲掉死亡，這就是天意！

印象中二〇一二年十二月底左右，我們演藝前輩楊董事長登魁，送到台北榮總，就在我的隔壁病房，當時只知道是中風引起腦出血，一週左右，就傳出不治的消息，其實圈內人都知道，楊董身體一向硬朗，且終日笑咪咪，也是個冷面笑匠，算是一位有幽默感的長者。記得我和豬哥亮做全省巡迴公演時，楊董有一天淡淡地和豬哥亮開玩笑：「阿亮，如果你要和我鬥嘴，我不會講輸你。」哇塞！全台灣都以為豬哥亮能言善道，但楊董這樣輕鬆一句話，你就知道楊董功力之高不在話下。

他的電影《大尾鱸鰻》上片之際，演藝圈大大小小幾乎都以楊老大馬首是瞻，這也可說是他人生最風光，也該享清福的時候，可是偏偏就沒注意吃降血壓藥，終就無法親身感受到自己這部充滿黑色幽默的台灣本土片，大賣特賣的時代榮耀感。在這個年代，能在台灣地區賣座五億台幣以上的電影，連奧斯卡大導演李安都要研究這部片為何會這麼吸金！但是再多的金錢此刻也比不上生命的價值和意義。因為有生命去體驗，這一切才有真實感，所以此刻我們只能說：「老天安排楊董先休息了。」而接下來的小兄弟戎祥說走就走。

華視老弟潘安邦也算英年早逝，王珍妮算是和我一樣以西洋歌曲出道，也因癌症在榮總辭世了。她臨走前的一個月，好友「朱博士」還特別介紹我吃一種增強免疫力的美國健康食品，當時博士說：「這幾瓶是我從王珍妮那兒先拿來給你用的。」我說：「她難道不需要嗎？」博士嘆了一口氣：「她比較相信西醫，所以我們的食品，她沒有持續服用。」其實這就是生命中一個神祕而無法解釋的「力量」，誰能告訴我們，在最無助，可能會被死神接走的同時，若有五種以上可以救你命的「祕方」，而這五種祕方只有一種是可以真正活下來的，請問你要相信哪一種？

這就是「天意」，對每個人而言，這就是每個人的命，也就是你的福報。記得我住院的第二天，豬哥亮來看我，在醫院裡，他說我是：「歹星」，又特別解釋，這不是「壞星星」的意思，而是一種「調皮搗蛋」的小頑童，當然加上一個「星」字，代表是有點影響力的，也就是比「人」要高一點的「物種」，以我個人的理解，雖然不到羅漢這種地位，但有點像「哪吒」這種位階，反正豬哥亮是要捧我讓我爽，我何樂不為呢？不過接下來住院的日子，我確實來到了五選一的生死抉擇！此時的我只有靜候母娘的指示了。

在住進醫院這一刻起，來訪的客人無論認識與否，基於善意想助我度過人生難關的人非常多，但我只能篩選部分的有緣人和我見面，這似乎也比較合乎邏輯，例如我一位上海好友的好友，他的小孩也得過血癌，所以他有這方面的經驗，要與我分享，或給我打氣鼓勵，那當然我會很想聽取他的說法。還有血癌病患痊癒後，他們組織了一個公益團體，幫助所有新罹患血癌的朋友走出心裡的恐懼，以及解決這些人的疑難雜症。

另外也有很多朋友告訴我一些「方子」，這些都癌症患者，用過以後，效果良好，希望我去試一下。此時的我，其實在內心告訴自己，再辛苦的化療，我都可以承受，拉肚子、嘴皮破了、沒有食慾，但我堅信我的毅力就是與眾不同，每一天只要拍照我都要露出笑容，每一天錄音，我也要保持樂觀，這就是打不敗的高凌風。

Chapter 8

忍耐

作詞：瓊瑤　作曲：張勇強

忍耐~你要忍耐.你要忍耐.

忍耐~追求幸福你要學習忍耐 ~

忍耐~追求幸福你要學習忍耐 ~

忍耐 ~

朋友~聽我的忠言

朋有~聽我的規勸

忍一時氣免百日憂

幸福陪伴你左右

喔喔 喔喔 喔喔喔喔喔

放棄化療

第二天我堅持出院，簽了「拒絕繼續化療的同意書」，當然我知道，我這一走，為了面子問題，就回不了榮總了。

二〇一二年十二月中，我又有位來自山東濟南的朋友，他充滿信心地說：「我曾患了怪病，全台灣醫生都看不好，但我到了濟南，遇見我師父，他救了我。現在他七十歲了，他用足療穴道的方式，可以醫好你的病。」他甚至表示，他為了我，準備二〇一三年二月十號的過年都陪我在濟南過。我心中有說不出的感激，但因為我還在化療不能立刻去山東，所以他為了我連機票都改了兩、三次，完全以我為主。而且他知道我沒有胃口，還特別煮了不油膩的排骨湯，用的豬肉材料，都是上好的極品，他煮一鍋，我足足吃兩天才吃完，而且他不斷熱心地告訴我一些他師父的傳奇故事，而他自己因為見到師父的特殊才能，竟把他非常成功的事業也放棄了，目前就跟在師父旁邊。

我內心對濟南的「樓先生」太感激了，也想找適當的時機準備和他走一趟濟南，此刻我也立刻聯絡我濟南的兄弟「呂大哥」，請他先去探探路，了解一下，這位大師在濟南的種種奇人異事。可惜呂兄回應：「我們去查了，但沒有你說的這號人物。」此刻我內心仍未動搖。就在尚未啟程到山東時，大約是二〇一三年一月中旬，突然又遇到見一位想救我的人——梅峯，一位我四十年前中學同學戴哲的朋友，他認為他的好友黃老師可治好我的病，但他說其實老師是不可能來醫院看我的，我告訴他：「若黃老師正好到這附近看朋友，就可以順道來我這走一下。」沒過兩天我見到了黃老師，她皮膚很好，保養不錯，一雙大大的眼睛，好像對世界所有的事情都充滿了好奇，她拿了兩張不同的照片，一張是一個十五、六歲的少女，一張是八十幾歲的老先生；少女大概是得了罕見疾病，經過黃老師的調養，目前狀況完全好轉了。而老先生是中風，去年八月去求助黃老師，現在情況也很好！

此刻最妙的是聽梅峯說：「黃老師手上有阿扁槍擊案的一手資料。」哇！這對我而言，意義非凡，因為我們如果有共同的敵人，證明我們也是一種緣分，但是我並不了解黃老師要如何醫我的病？聽說她擅長經絡穴道，處理足部也很在行。我心想：這妙了，有人要我去山東足療，現在黃老師也提到足療，但老師地址在汐止，比濟南近太多了，若同樣是準備嘗試足療的效果，我就不用跑那麼遠了。

在二〇一三年一月三十一號，榮總曾主任看完我的骨髓穿刺報告靜靜地說：「我想你也是心智成熟的人，我們團隊認為這件事應坦白告訴你比較好，就是你現在骨髓中再生出來的芽細胞都是不好的，而且數量超過百分之五，換句話說，我們第三次化療是失敗了，所以我們要你了解這個事實。」當下我聽了非常難過，因為我心中很清楚，如果第三次化療過不了關，我就沒有機會做骨髓移植了。

說得明白一點，我的病嚴重情況不輸給郭台成，我的癌細胞也是少見的非常頑劣的一種。我的下一步該怎麼走？其實剛才醫生等於是在宣判我「死刑」，只是大家都盡量不要往這方面想。我告訴醫生：「那我回家好了。」可是此刻醫生告訴我另一個訊息：「如果你願意，自己只要花一百一十萬（據說是半價），而且這種藥目前是沒有健保給付的，可是效果不錯，以前也曾經做過兩個這樣的案例。」

當時我的內心已非常沮喪，且自己本身在最後幾天已非常虛弱，白血球已經有一週都停留在兩百至一百之間，實在太低，而且醫生、護士天天都提醒我小心被感染，所以我堅持想回家去，但醫生說我身體太虛不能出院，所以三十一號只准我四小時假，回家看看，明天再研究下一步怎麼走。就在當天下午，我就去了黃老師家。經過三小時的經絡調整，結束後，我去廁所小解，沒想到非常順利而且有力。因為這段時間，在醫院每次小解時，大號可能也無法控制，所以當天我非常驚訝這種神奇的效果。原來老師把我的「膀胱經」和「小腸經」，都疏通了。所以自然可以順利地「小解」，在我內心實在有說不出的開心和震撼。

返回醫院前，我只剩一個問題要請教黃老師：「如果我要出院，但院方告訴我，『你白血球一百，血小板一萬多，血紅素三萬多，太容易感染不能出院』，請問黃老師我該如何？」黃老師有點不耐煩，但仍然平靜地說：「我希望你不要太注重數字，而是要注意身體的實際狀況，因為要來我這兒治療，或留在醫院，是你們自己的選擇，你們要做自己的主人，我也不能勉強你們。」此刻，我深覺，人生的賭注這把最大。因為我要來黃老師這邊，還是繼續返院化療，就是一念之間，而這一念就是自己的命。第二天我堅持出院，簽了〈拒絕繼續化療的同意書〉，當然我知道，我這一走，就回不了榮總了，以後如果再有呼吸困難或頭昏、發高燒……等掛急診時，就是我最尷尬的時候了。所以我要很小心地靜養調理身體，每天固定吃牛樟芝外，從二月一號起，每週多了兩次到黃老師處，做經絡按摩調養，不可否認，幾乎每次都是立竿見影，剛開始一週，我回家就有鼻子堵塞不通和口吐血塊的現象，把身體瘀血全吐出來，也有從痰裡或從鼻孔流出，當時實在很緊張，但事後很清楚，那是必然的過程和反應。

堅信

不必再想，此刻最重要的是我必須保住生命，才有明天，有了明天，一切可以重來。

有一次頭痛得難過，老師又不准我吃止痛藥，結果用經絡方法，老師幫我處理到完全不再痛苦。二〇一三年二月二十一號因為去電影院看《大尾鱸鰻》，從地下室上樓，而感到呼吸非常困難，第二天到老師那兒，氣喘吁吁爬上二樓，一進去就累癱在床上。老師開始調理我的胸口及胃經，還把任脈打開，當天處理了將近七個小時，呼吸順暢很多。

爾後，老師為我做脊椎的處理，還有造血功能、腎及脾臟的處理，都讓我在日常生活中，感到身體較以往有了長足進步。特地去做血液檢驗，三月十二日的報告，「血小板已從二月份的三點三萬變成八點二萬，而血紅素也從三點九萬到達六點二萬」。當一切情況都在進步中，看到原先自己左胸口的人工血管，想想也該取出來了，到了榮總的外科手術幫我取出之後，醫生給了我止痛藥、抗生素、消炎片，但偏偏老師不准我吃藥，連疼痛時，想吃止痛藥也不准。老師說：「必要的時候用熱毛巾敷一下即可。」一週過去了，我真的好了，記得腸胃有點不舒適的狀況，我馬上問老師，老師說：「那沒什麼，只是一些小現象罷了。」接著吞口水也會痛，好像喉炎，老師說：「胃有問題，不用緊張。」對身體我仍然有很多未知，為何會出現黃老師？這一切是奇蹟還是天意？但我相信自己會完全康復後，脫離血癌的陰影。我們就拭目以待吧！

這段時間，其實有時心裡也覺得很好笑，因為我一頭栽進黃老師的經絡系統，過了一段時間才發現，原來過去並沒有血癌被老師醫好的案例，為何我來到黃老師這邊的第一天，就似乎要告訴全世界的人我的病已好了，當然接下來我看到了淋巴癌、大腸癌、肺腺癌、或肝癌，不同的患者，大家來老師處，都有非常好的效果，老師再三以「大道至簡」及「通則」的理論來證明「癌」並不可怕，可怕在於不知道「病之源頭」及「如何有效治療」。

老師告訴我，那個字「癌」已經遠離我的身體了，而我心底其實也堅定相信「癌」字早已不存在了。一個錯誤的西醫醫療系統橫行了三、五十年，會因為黃老師而改變嗎？其實只怪自己是井底之蛙，黃老師介紹我看了一些世界醫學權威的雜誌《科學人》，其中幾期對於化療的整個體制，例如先有化療之藥，再配合藥在人體上定出指數超過多少，便定位成「什麼癌」，就要接受化療。或所謂的標靶治療，而這些藥廠就可透過對醫生的福利，醫院的主任、名醫以及衛生單位的高層做事，使更多的人誤以為罹患癌症，而這些發明的抗癌藥，以高價送到人體製造很多慢性死亡，而無人有答案的區別。當然用藥永遠無解是病痛還是感染，或是器官衰竭……等，死得不明不白。記得有一天我的頸部長了一個腫瘤的硬塊，本來要去照電腦斷層，結果聽說要用「顯影劑」，而我一位癌友李勇士因用了「顯影劑」第二天就全身癱瘓，接下來就送去加護病房。聽說他全身痠痛，我不願再多了解，當然又從《科學人》雜誌上看到用「顯影劑」的後遺症。

唉！西醫的問題大家真的要重視一下了，不能做什麼都聽醫生的，我最後一次的figwiy，我必須跟著我的「母娘走」無論結果是什麼。二〇一三年四月對我而言就是靜養、寫作及陪小孩的美麗時光，可是對台灣人而言有兩件大事；一件是北韓一直要射飛彈，另一件事就是中國大陸湖南衛視《我是歌手》要決賽了，到底冠軍是楊宗緯還是林志炫？

有些中年的朋友，本來對歌唱比賽並不熱中，但新聞天天炒，加上兩位台灣來的歌手各自擁有粉絲，所以就在這無聊的年代有了有聊的話題，連我也和黃老師賭一客王品牛排，賭「誰是冠軍」？當然看到藝人的大陸電視熱潮，也不禁讓我想起這十年來，我點點滴滴地經營內地市場，確實讓我相信，大陸真是充滿商機，也讓我發現，我應該還有一個更重要的任務要完成，這可能就是我的「使命」或「天命」吧！

二〇〇四年我開始在上海辦小型的演唱會，但知名度不夠，硬是耍不開，記得當時遇見凌峯，他總是告訴我：「現在對表演已經沒有激情了，除非公益性質，我還願意，其他免談。」當時我在他身邊急得要命，我心裡想：「老兄，你不想接的演出，就告訴對方，你有個好兄弟，姓一個『高』字，叫『高凌風』，他很樂於表演，而且價錢還可以便宜點。」但想歸想，他就是沒這麼做，反過來，我雖然不紅，但時常有節目找我的時候，希望透過我的關係，能找到凌峯一起來演出，他也很給面子，陪我去了「安徽衛視」、「江蘇衛視」、「河北衛視」，只要他一到，製作單位硬是把他當大腕侍候，令我好生羨慕。說來有趣，當年在台灣我做主秀時，每天的價碼，保守講一天也有他的四倍到六倍，現在到了大陸，可能他的價碼是我的數倍了。這就是人生，我也該習慣了，太多過去身邊的演藝小弟都爬到我頭上了，所以說「男兒當自強」。

熬出頭

哇!在中國這些年，苦無出頭的日子，現在有機會上東方衛視這個大節目，就算從未跳過國標舞，我也準備跟它拚了。

二〇〇五年暑假期間，「東方衛視」推出了一個節目叫作《舞林大會》，這節目內容是以「國標舞比賽」為主。但有一個前提，就是去比賽的一定要是「藝人」，哇!很多藝人想去，但是不太會跳國標舞，所以敢去的都是舞蹈有點基礎的兩岸三地藝人，這節目把場面做得很大，僅僅是掛在舞池中央的一盞歐洲水晶燈，造價就上百萬人民幣，這種氣勢對台灣人而言，太迷人了，目前台灣電視台連個比較大的棚都沒有，更別說舞台上隨便一站一次就是五、六十人的伴舞場面。所謂心想事成，此時我突然接到過去中視老朋友白汝珊白導播的電話，她說要介紹我去演出，

哇!在中國這些年，苦無出頭的日子，現在有機會上東方衛視這個大節目，就算從未跳過國標

舞，我也準備跟它拚了。心中想想凌峯那大牌得意表情，我當然鬥志又更高了，心中暗想，這節目收視率很高，又是衛視台，全中國都看得到，如果初賽過關，能進複賽，就有兩次露臉的機會，果然皇天不負苦心人，我出賽過了，又進入複賽，但複賽失利了。

記得當天主持人曹可凡在我要出局的時候問了一句話：「高凌風先生，今天被淘汰，是否有點『時不我予』的感覺？」我回答：「五十歲以上的藝人，能進入複賽的僅我一人。所以中國十三億人口，你應該叫我『第一名』。」哇！好大口氣。沒想到這段錄影被江蘇衛視的領導們看到，特別邀我去參加它們的選秀節目《名師高徒》，希望我做評審，做夢也夢不到，我的人生竟開始又改變了。因為節目有六位名師，分別是林志炫、巫啟賢、孫楠、游鴻明、順子、和梁詠琪，這六位老師在內地已經是被肯定的大腕了，而我的份量還只是在「評審」的位置，所以總是矮上一截，但天下就有這種事，到決賽的時候，因為梁詠琪老師已答應去非洲做訪問，所以無法參加該節目的錄影。製作單位覺得我表現不錯，就請我客串代替梁詠琪的位置，也就升等成名師，而我的徒弟就是一位小帥哥鄧寧，既然機會來了，我就全力以赴，我把鄧寧約到KTV，一起去唱卡拉OK。

在好玩的過程中，我了解了他的歌路及他的心理狀態；他內心是沒有把握的，甚至於上台前還在發抖緊張，但我本身是激勵講師，我當然會利用專業技巧，給他做最好的心理建設，例如不斷告訴自己「我是第一名，所有的人今天都是來看我的」、「我是最棒的」，不斷地冥想，而且上台前心情要定下來，要深呼吸，在台上演戲，要百分百的投入，這就是「秀」。

鄧寧是個聰明的小帥哥，舞又跳得好，外型上有觀眾緣及親和力。所以他能夠一關關地闖過，最後在六大名師的決賽中以第一名脫穎而出，成為《名師高徒》第一屆冠軍。自然很快地就被唱片公司網羅，也出了唱片。所謂魚幫水、水幫魚，我也從此水漲船高，冠軍歌手還是我徒弟。我何許人也？時也，命也！當我再遇見凌峯時，凌峯告訴我說：「現在內地認識你的人，比以前多了很多，以前只知道凌峯，現在好像高凌風也有點市場了。」不錯，內地對我而言，太重要了，一個小小的台灣，我在這存活了三十幾年，如果知名度在大陸打開，想想這是什麼概念。

收穫

在內地我的基礎愈札愈深，我也深深知道，我的機會愈來愈多，我又再創高峰了。

當年SARS的時候，我記得台灣、中國、新加坡，很多演唱都取消了，只要有SARS的地方，公開活動幾乎都暫停了，而且飛機生意也一落千丈，最後我去了印尼的「棉蘭」演唱，當地人告訴我，印尼很多城市已有SARS也不可以登台，但棉蘭比較遠，也比較偏僻，目前還沒有感染到，所以可以演出。

當時就給了我一個啟示，演唱市場一定要大、要多，假若少了三個市場，還第四、第五個市場可去演出。所以此刻我在中國大陸演出，我不僅要在福建一帶的廈門、泉州、福州有人認識，我還要在華中一帶的上海、南京、蘇州、杭州演出，當然我更要在北京、東北走紅，以及湖北、湖南、四川、重慶……。哇！太多市場，我可要好好經營我的演藝事業。二〇一〇年開始了我和康康、吳宗憲的「三大難高音」巡迴演出，第一站在上海，這是我生命中太難忘的一場演出，因為我失散十幾年的三女兒「葛曉潔」從美國來看我，我在機場上看她下飛機的那一刻，我的心都快要跳出來了。她好漂亮，身材更棒。想想一個失職的父親，從小就沒有在她身上付出金錢和精神，但此刻她大學即將畢業，也算懂事了，她心底知道，我這老爸欠她很多，但人情世故上，她了解老爸對她有深深的期盼「來觀賞演唱會」。

像做夢一樣，她和她的一位女性好友，真的從美國飛來看我演出了，下飛機時，她穿著黑白相間的小洋裝，聽她第一句話：「Hi, Daddy.」，我就心碎了。我告訴她，我一眼就認出她了，太多的思念，太多的情緒，太多心中要說的話，在機場嘈雜的長廊中，一邊走著，一邊興奮地閒聊著！演唱會當天唱完真是盛大而瘋狂的夜晚，大魔術師劉謙因為是我們的演出嘉賓，所以當然也在一起狂歡，印象中喝不完的酒，宗憲、康康，他們在上海也有太多的朋友和粉絲以及企業界的好友，加上主辦人小邱還有達芙妮女鞋陳董，以及我的老師陳安之，好友張小林，人生得意須盡歡，這晚是我生命的難忘日，大家都醉了，見到曉潔，我太滿足了。

在內地我的基礎愈札愈深，我也深深知道，我的機會愈來愈多，我又再創高峰了。而葛曉潔在上海的這幾天，只要晚上出去party或唱歌，到了深夜兩點，我會打電話問她：「妳是不是快回飯店休息了？」她說：「爸，我們才剛開始耶！」，後來我才了解現在小孩一玩就到天亮，我已經落伍了。女兒葛曉潔的上海之旅後，我又帶她到杭州遊西湖，台灣媒體還捕捉到我和她同遊的畫面，幸福、快樂，對我這老爸而言，應該是無法形容的滿足。

二〇一〇年是我在大陸豐收的一年，到了二〇一一年她返台，只有短暫發展，和我相聚也不多，最後又回到ＬＡ走她自己的路，但我就像在夢中一樣，夢到她出現，又夢到她消失，僅僅片刻，又不真實，可是對我而言，因為我對她付出太少，我能和她再相聚，已屬難得又珍貴了，到了現在我生病，縱然她沒來看我，我也不覺得遺憾，有人說：「剎那即是永恆」，我的確是得到太多、付出太少，也許這就是我該懺悔的地方。

得意忘形

二〇一一年我為寶弟出了「冬天裡第二把火」，帶著寶弟到大陸上電視，這真是我風光又得意的生命歲月。

人得意就會忘形，二〇一一年我為寶弟出了「冬天裡第二把火」，帶著寶弟到大陸上電視，這真是我風光又得意的生命歲月，就在八月八號父親節當天，我聽到了太太小金與不明男士在車上的不雅照消息。我心很痛，但總以為可以挽回，因為我內心裡「準備要原諒她」，但一切卻非我想像，她想要自由，她不要這個家了。

到了年底心情煩亂的情況下，居然把自己的老本六百五十萬人民幣拿去投資廈門三大難高音的老闆吳先生，更沒想到二〇一二年初，吳竟然就告訴我，已經無力償還了。而小金也在二〇一二年二月二十日簽了離婚協議書，從二〇一〇年的上海演唱最高峰，到二〇一二年十一月的罹患血癌，真是樓起樓塌，竟在短短兩年中，讓我從天堂掉入地獄。所謂禍福相依，真是一點不假，得意就忘形，加上心中莫名的貪念，本來六十二歲已經可以好好地享受下半輩子，結果一個疏忽，財去、人也空了，而自己身體真的頂不住這重大的壓力和創傷。以前在課堂上，告訴所有學員如何「反敗為勝」，要正面思考，但此時的我竟變得完全無力去調整自己。

為了打起精神，證明自己是不倒的青蛙王子，二〇一二年七月在上海又推出《火鳥傳說》歌舞Talk Show（脫口秀），演出前，我的表演總監，也是我最親密的粉絲「宛欣」告訴我：「高大哥，如果再有任何你和小金姊的負面新聞，我和老闆『陸總』可能就不會做你的演唱會了。」當時我知道，再大委屈，我只有「忍、忍、忍」，我搬到上海公寓去調整心態，每天找專人給我練身體、練舞蹈，注重飲食、不抽菸、不喝酒，準備用力一搏。

結果節目叫好不叫座，我不知道是否我的氣數已盡，但確實我已盡力了。回到台北，我開始不斷地告訴自己，小金已走了，錢也被倒了，再難過，我還是要調整自己，要站起來，仔細想想，我還有三個可愛的小孩子。這是我最開心、最大的生命動力，我該好好珍惜，把握享受，陪他們成長，而我個人的心態，真的不能再停在那被騙走的金錢上面，當然每次想到，還是不甘心，加上無盡的自責，這種日子真不好過，古語有云：「福無雙至，禍不單行。」你以為你很慘了，其實可能還有更大的災難在後面，老天的安排真奇妙。

就在這時，二○一二年十一月十三日當我和寶弟看一部電影《衝破極限》，電影在晚上十二時即將結束時，我一下覺得全身發冷，寶弟把他的衣服給我穿上，但我還是冷，我就抱著寶弟一隻手臂，我覺得像抱著一根木炭一樣溫暖舒服，但人還是不舒服，我告訴寶弟：「爸爸先去開車，等五分鐘電影結束後，你到路口來找我」，因為這部電影我看過了，最精彩就在ending的劇情，有一句對白：「『當你挑戰極限時，極限也挑戰你。』」劇中男主角十七歲成名，五年後，二十二歲就因潛水而死於挑戰。我希望寶弟從這部戲去體會深層的涵義。

當我要去開車的同時，我突然呼吸困難，我知道我無法去開車了，立刻叫了一輛計程車，直接到國泰醫院急診室。醫院先幫我打了退燒針，我感覺舒服點，再醒來已是隔日早上八點多，我看著寶弟呆坐在我面前，我很開心，心中有一種說不出的安全感，他陪了我一夜，一夜沒睡，而我已經不知覺地輸了五百CC的血，醫院竟告知我罹患了敗血病，也就是俗稱的血癌。此時我本來該大叫「我被雷打到」，本該無比恐慌的我，卻突然感到解脫了，不是嗎？

小金，緣盡了，本該分手，不然死了，也還是要分手；被騙三千萬，沒命也花不到，不必再想，此刻最重要的是我必須保住生命，才有明天，有了明天，一切可以重來，記得郭台銘花了上億也就不回他血癌的弟弟，而我如果堅定信念，相信母娘，若我真有任務在身，自然就會打贏血癌，想想戰勝血癌的價值，豈是六百五十萬人民幣可以相比的。

此時的我，更相信，生命不但有一個主宰，而且我們的一切行為，都早被規範好了，今日除了懺悔往昔的「貪、嗔、癡」，我只有靜靜養病，這就是人生，活著、活著，此刻沒有任何痛苦，只要健康地活著就有機會！

我與華盟的幾位好朋友

Chapter 9

冬天裡的一把火

作詞：莊奴　作曲：Solan Sister

你就像那一把火　熊熊火焰溫暖了我

你就像那一把火　熊熊火光照亮了我

我雖然歡喜　卻沒對你說

我也知道你　是真心喜歡我

你就像那冬天裡的一把火
熊熊火焰溫暖了我的心窩

每次當你悄悄走進我身邊
熊熊火光照亮了我

你的大眼睛　明亮又閃爍
彷彿天上星　最亮的一顆

頓悟

「演講」，真的讓我認識了更多優秀的講師，也讓我有機會不斷從演講中，繼續學習，繼續成長。

星雲大師曾說：「藝人也是很了不起，娛樂大眾，這是一種功德。」這種恭維，確實讓我們做藝人的很安慰，總比有些人還停留在藝人私生活很亂，或戲子無情這種封建思想要好太多。可是我個人自從演講以後，發現演講比唱歌還有意義，因為唱歌可以給別人歡樂，但演講更可以因一句話，而改變了別人的觀念或思想，甚至解決了別人的困境。

記得以前陳安之老師說：「如果你能夠做一件你身邊朋友都認為你做不到的事，從此，你什麼事情都能夠做到。」聽完之後，當下我就戒菸了，因為老師的話影響了我，我是一個為了理想什麼事都願意付出的人，我以前成功過但又失敗，所以我一定要再成功，讓自己東山再起，戒菸是決心的表現。有人說：「高淩風你好有毅力，說戒就戒。」其實我是覺得觀念也很重要。我聽陳安之演講時，我自己環境不好，我常想我如果能找到金主挺我該有多好，但我自己又常想：「我希望別人對我好，但如果我抽菸，我自己都對自己不好，憑什麼別人要對我好？」就這麼個念頭就戒菸了。

二〇一二年年頭因為婚姻破裂，心情真的受到影響，我開始又重新點燃了香菸，一抽就是半年，而且發現，每天晚餐後，或在思考的時候，特別需要香菸。問題來了，七月份我要演唱，喉嚨又不好，這菸不戒掉，上台會出大問題，自己菸癮已經上來了，真不知如何是好？結果我開始想起陳安之老師的話，又想起我最大的願望是能牽我最小女兒寶妹的婚紗，看著她嫁出去的幸福模樣，我突然就戒菸了。因為抽菸可能使我無法等到她結婚，我身體就壞了。往往演講者的一句話，或一個觀念，就可以改變他人的一生，這是很大的功德。我和張淡生、陳亦純、賴淑惠三位老師及一些志同道合者一起，組成了「華人講師聯盟」，這也算我正式加入的第一個公益團體，我非常重視。記得曾經有一次我們聚會，只有七個講師而已，但我說：「我們每個人影響很大，我們要珍惜這樣的聚會，我們可以把每次得到的新資訊快速傳遞給更多的人。」

結果一年又一年，我們的講師人數突破了一百人。時常我在華盟其他講師演講的最後幾分鐘才到現場，有人問：「高淩風那麼晚才來，現場演講也結束了，你來做什麼？」我說：「華人講師聯盟，每一個成員都不是為利而來，大家充滿善念，這裡的磁場很好，所以我是來吸一吸這裡特有的正面氣息。」哈哈，大夥挺開心，也常彼此用這種的話術開玩笑。在我的人生規劃裡面，照理說，我應該還是要繼續享受舞台上的迷人音樂燈光，但我卻不自覺的愛上了演講。在台上唱歌，一場只要三十分鐘或四十五分鐘，而演講至少是一人獨撐一兩個鐘頭，但不可否認，演講真的讓我認識了更多優秀的講師，也讓我有機會不斷從演講中，繼續學習，繼續成長。

二〇一二年九月前後，我去華盟聽到一位老師講「飲食健康」的課程，很入迷，我留下電話，想進一步學習，沒想到十一月就生病了，當然此刻的我最重要就是如何吃出健康。考大家一個小問題：「水果是飯前吃，還是飯後吃，對身體比較好？」目前我看過各種不同的報告，很多都說要飯前吃，因為又是酸鹼的問題，又是吃飽了再吃水果會打嗝的問題。但目前我知道是飯後吃，因為水果的甜份，脾臟要分解很吃力，所以要飯後吃，甜度就會被稀釋，這種對脾胃比較好，而且晚餐之後，也要少吃水果。當前是個日新月異、知識經濟的時代，為了應付眼前或著眼未來，人們有太多需要學習之知識，所以聽演講或買新書，真是現代人一件非常重要的事。過去我也曾是華盟的主將，每年聖誕節或周年慶，我都熱情演出，但我想這是不夠的，當我的身體好了以後，再回華盟，我該參加更多的公益活動，畢竟我的生命如果再留下來，一定有很多有意義的工作在等我，我不能辜負天意。

事與願違

事實不然，心中不時認定自己可以戰勝病魔。有趣的是，面對的血癌，到底有多恐怖？我完全沒有概念。

除了華盟而外，我也是礦工兒子教育基金會的董事。記得去年罹癌的第一天在國泰醫院，基金會董事長蔡合城先生和祕書長冬冬小姐，特地跑來看我並告訴我：「高凌風千萬不要去化療，我做了幾十次差點死了，所以我勸你，不要去榮總化療，我就是一個好例子。」當時，我一直冥想：「我為何會加入礦工兒子公益團體，這不是緣分嗎？蔡董都走了一趟冤枉路，我還要去嘗試嗎？他不就是老天派來救我的貴人嗎？」這就是人在做，天在看的道理，自己心安是最重要的。也許就是這些正念，我們礦工兒子教育基金會的董事都很平安。因為基金會另一位董事曾巨威先生據說得了癌症現在也好了。由此可知，老天有指派任務的人，只要好好地做份內的事，無論弘揚母娘的精神也好，或能勸人不要化療也好，只要是善念，能救一人救一人，能救百人救百人。

而礦工基金會每年給育幼院小孩的獎學金，更是令人感動，董事長自己住不到十坪的房子，每天去義賣自己的書，可是卻常常碰釘子，他像苦行僧一樣到處碰壁，但又到處募款，我看在心裡，真的很慚愧，也只有盡一己之力為基金會盡量在金錢或人力去付出，老天既然已安排我參加了兩公益團體，我該如何盡全力去創造我的生命價值呢？我必須全力以赴，打破人們對對癌症的固有觀念，未來要讓更多的癌症患者脫離痛苦重見陽光。

從罹癌第一天起，想想自己破碎的婚姻、被騙的金錢，名譽又被踐踏，走了不就解脫嗎？事實不然，心中不時認定自己可以戰勝病魔。有趣的是，面對的血癌，到底有多恐怖？我完全沒有概念。二〇一三年二月一日三次化療失敗，我決心離開榮總，去追求民俗療法，我憑著直覺，是母娘的安排，跟著黃老師的經絡體外治療，信念是真正的良藥，我從二月份血紅素指數三點二，三月份升到六，四月份到八點三，五月份更到十，請問？我當時預測七月份會到十二的正常指數，重出江湖，哪有任何失誤之處？但事與願違，從紀錄上發現，我的身體從六月到七月，七月到八月一路衰弱，食慾極差，呼吸及走路都有困難，七月二十日急診一次，輸血一千五百CC，又在八月二十四日早上叫了一一九救護車去慈濟醫院輸血一千CC。此時的我，發現一個事實，我離開西醫的化療，走上民俗療法之路（經絡按摩），這部分有哪位老師可以說，我百分百可以治癒你的血癌？當任何一位老師願意為你付出，我相信他能醫好你時，你除了說感恩，還能說甚麼？

所以當我在第二次急診時，我腦海中浮出了西醫常用的醫療術語：血紅素太低、休克、腦血管破裂、中風、肺部感染……，所引起的器官衰竭死亡，這只需四天，而這四天在我生命裡，也就是從今天起天天都可以發生。就如同二〇一二年十一月十三日我帶寶弟去看電影，突然高燒呼吸困難，我就去國泰醫院急診的道理一模一樣。只是運氣好，進去又出來，誰敢保證，幸運之神永遠在我這邊，所幸我為了迎接死亡，首先我認定「人可以不死」名留天下，而且不一定要做甚麼大事。例如楊登魁二〇一二年底離世，但他對戲劇的眼光及大器，使他投資的戲一旦叫好叫座，受他恩惠的人當然永遠懷念他，報紙標題「蘭陵王，收視火，燒給楊登魁知」，加上他照顧了豬哥亮及太多的藝人，所以藝人三不五時，就要歌頌他一下，叫他到另一個世界都難，他不就是繼續和大夥兒生活再一起嗎？

這也讓他的家人感到溫馨安慰。除了離世可以快樂地走，沒有悲傷痛苦，更重要的是當我們快樂有夢想時，身體的狀況完全會百分之一百不一樣，身體好像可以分泌出一種「神祕激素」，使我們身體從五十分這個中點，分數一分一分往上加。執筆的今天是二〇一三年九月四日，我自信我的身體有六十分，應可慢慢再多幾分，只要過六十分，就一切OK了，哈哈！而此刻的我又幸運地得到青雲雲海宮的鄭老師開示「四不怨：不怨天、不怨地、不怨人、不怨己」，想想這些日子以來，自己常常有心無心的怨人（例如：醫師的專業可能有問題、護士打針好爛好痛、電視上整天罵來罵去、廖筱君怎麼嘴臉那麼兇……），這些無形的小地方去怨人，其實卻傷害了自己的身體，就算被騙錢怨自己愚蠢、糊塗，母娘也是不允許的。

老師又提醒我，每日要「四好：起好念、說好話、做好事、寫好字」，想來慚愧，心中常有些報復心態，也常碎碎唸某些媒體亂寫，唉！我已經一隻腳踏進棺材了，還不能淨說好話，確實慚愧。所幸就在我反省之餘，讀到了細胞權威李豐女士的書，她也曾罹患淋巴癌，抗癌四十年；但她強調樂觀的心態，對每天新生的八千個癌細胞，會產生正面積極的平衡效益，對人體有極大的幫助，她書中特別提到一位台大博士班畢業的醫生，某次幫病人照完超音波機器沒關，順便自己一照，嚇一跳，他自己肝臟有腫瘤，結果心情惡劣，開始切片化療，三個月後就走了。

而李豐彰化中學同學的哥哥唸台大醫學院五年級時，讀到肺癌篇，覺得自己咳嗽像肺癌，檢查結果確實如此，半年後就英年早逝，李豐告訴我們，人在高興時細胞很圓潤，就像十八歲的年輕人；人一旦生氣，細胞就像八十歲的老頭，皺皺縮縮。這位台大病理科醫生李豐罹患淋巴癌，能存活的祕訣很簡單，就是爬山（吸氧）及讀佛經，其意義在於「紓活身體、不要煩惱」，原本扭曲皺縮的癌細胞，經過五穀雜糧加蔬果的飲食調養，配合持續運動加樂觀心情，即可將癌細胞恢復成正常圓潤細胞，李豐抗癌最重要的精髓「健康必須靠自己」。

在此同時，我也有幸看了許達夫醫生的《誤醫誤診——現代醫療真相》一書，他曾是林口長庚腦神經外科主任，二〇〇二年他罹患直腸癌第三期，經過放射治療，腫瘤消失了，他拒絕後續手術及化療，醫生預估他活不過三年，但他跨過了五年，而且現在邁入第十年，還輔導幫助了數千名癌症患者，真是功德無量。在他的書裡提到「權威醫師的誤診」，一群昏庸西醫的過分治療，化療有效嗎？看看這些內容，就知道他這位專業西醫，憑著良知，對當前的醫療體系看不下去，所以他的書，有人罵，也有人讚。而我選擇站在他這邊。當然我不可完全抹煞西醫的功能，適度的西醫檢查和治療，在生命健康的維護上有其功能性，我並不想成為極端份子，但以我個人經驗的良心話，仍然要誠實的表白出來。當然信念可吸引共同的信念，最近讀的這本書，也該好好讓大家分享。

有個重要資訊——「揭開上帝『終極底牌』，自己的心原來是『生命之源』」，二〇〇八年三月十七日，南佛羅里達大學健康科學中心首席研究員威斯里，向全世界公布這張上帝「終極底牌」後，舉世震驚，這等於為每個絕望的生命，帶來了重生的福音，紐約時報採訪盛讚威斯里時，他竟情緒低落地說「西醫鼻祖希波克拉底早在公元前五世紀說過」，並不是醫生治癒了疾病，而是人體自身戰勝了疾病。但是我對這句話領悟太遲了，使我好友詹姆士因為我的無知勸阻下，喪失他本來有權得到的最後一件禮物，反而因我而做的治療，於一年半後離開人間。

而另一對夫妻，雖然得了僅能活三個月的癌症，但他們放棄治療，選擇豪華郵輪遊世界，開心迎接死亡，結果心情愉快，享受自己身體散發的快樂激素，也就是上帝的「終極底牌」，反而一直幸福地活著。隨著暑假的過去，心中當然知道九月復出是無望了，十月機會也不大，若是十一月復出，那議員林瑞圖真的成半仙了，因為去年十一月我住院第一天，他就對外說：「高凌風很有信心，一年後，會重新回到舞台。」哈哈！真的整整一年，一年不工作，對自己的生活習慣，可謂百分百的大改變，有時候晚上睡下去，一睡就是十二小時，這真是厲害，一來可能心中沒事，就睡得著，二來可能是「氣血」不足，人很容易疲勞，所以睡下去就起不來，在某種程度而言，有點像「嗜睡」，整天愛睡覺，想想整天沒有工作，對我這勞碌了四十年的人而言，心中真有不安。

看著銀行存摺愈來愈薄，想想每月不吃不喝，房貸加小金固定開銷就要三十萬元，偶爾也有念頭想把現在居住的「靜岡別墅」賣掉，每月的開銷可以少很多。但看到寶弟時常帶朋友回家，而且有些就住在家裡，晚上經常彈吉他，歌聲旋律湧入我的耳邊，看他們那麼快樂，相信在孩子的心目中，高爸爸還是有一套的，住在四層樓的獨棟別墅，寶弟肯定是幸福的，要什麼、有什麼，每天上山下山，不是我接送，就是叫計程車，媽媽也偶爾客串帶他進進出出，這種生活誰不羨慕。記得有天半夜醒來，他竟睡到我的床上，偷偷地伸手去觸碰他的臂膀，媽啊！又粗又結實的肌肉，真的不敢相信，沒多久前，在游泳池中還要我把他揹起來玩水浪、或地震遊戲的小蘿蔔頭，已是一百八十三公分的小帥哥了，擁有這棟樓，內心確實還有點安慰，咬著牙暫時就別賣掉吧！家中傭人告訴我：「妹妹說，她喜歡住在這，因為學校同學及鄰居的小朋友都是她的最愛，她捨不得離開這。」我心中默想：就憑「寶妹」的一句話，我拚命也要留下這棟房子，或許過去太多太多次經驗，每次財務出問題時，第一個反應就是賣房子，我不知道賣了多少次房子。記得十五年前和小金剛結婚不久，因為負債，就是把瓏山林房子賣了，當時我常常在午夜夢迴時，責怪自己：「為何混了快三十年連一間房子都沒有？還要租房子住。」後來立誓：要買至少五棟房，每棟都付清，最後自己住一棟外，其他全部收租，從此不用再為生活錢財煩心。沒想到兩年前一切都實現了，而兩年後的今天，我又面臨唯一一棟房，卻又要想賣掉的意念。

我和三個小孩就住在這，時常無需安排地就可坐在一桌聊天或吃飯，晚上回到家，更可常常聽到二樓孩子們的嬉戲聲。阿寶更把多一間房給她好友「瓜瓜」分享，看她們女大十八變都高中畢業了，每天的歡笑聲，讓我這做父親的活得好有意義，又有尊嚴，趁這段生病的日子，我每天就是等待為這幾個小孩服務，也讓我感到活著陪孩子真是人間最快樂的事。前幾天阿寶和朋友要去板橋，她們正在研坐公車或計程車如何分攤車費時，我說：「要爸爸送嗎？」她們欣然接受了，我就高高興興帶著她們到板橋火車站，一位執勤警察告訴我們黃線不能停車，但我們不理他，他一看下車是三位青春美少女，我想警察的氣也消了。哈！我又快樂地返家繼續養病。

回到榮總

「因為你得過血癌，你的免疫也比較低，所以我這不能給你任何協助，我建議你回榮總看血液腫瘤科」聽完醫生的話，差點昏了。

最近一些好友，因為我在黃老師那治療效果不錯，也有朋友去看黃老師，其中有「大腸癌」的朱先生，好友劉先生，及我音樂總監的親家。目前一切看來都非常順利，其實黃老師的醫療功力，可能是真正的奇蹟嗎？

世事難料，當我陶醉在七月即將復出，我創造了對抗血癌的奇蹟，不用化療，血癌也可治癒的頭條新聞後，惡夢靜悄悄地降臨了，記得六月十二日號端午節，我和好友趙小姐及黃老師整班的醫療團隊加上青蛙等友人，去基隆路吃胡椒蝦歡度佳節，當時覺得喉嚨有些不適，所以對少許辣味的海鮮開始有點敏感，也不敢多吃。但一週後就是六月十九日，我的喉嚨已明顯劇痛並發炎，於是我去找我這二十年來最信任的耳鼻喉科醫師春田耳鼻喉科李醫師，當然他輕鬆地安慰我，並給了我消炎止痛藥，我想一切就妥當了，沒想到回家用藥三天，不但毫無改善，而且更加疼痛，我情急之下就坐車到南部屏東的林教授處，希望他看看我的病況，他說我這五天的藥也可以快速吃完，因為劑量不夠，所以效果不好，結果我在屏東就大量快速把醫師的藥每兩小時吃一次，希望劑量足夠時，我的疼痛也可緩解舒服。

記得坐高鐵前往南部時，因為喉嚨疼痛，所以對任何食物都沒胃口，但鐵路排骨便當，我仍然覺得很香，裡面的小蘿蔔乾、翠綠雪裡紅，還是挺開胃，我幾乎把便當吃完了，便當魅力無人擋。返北後立刻再回春田耳鼻喉去見醫生，因為我把所有藥吃完結果喉嚨完全沒有改善，我希望醫生給我一些更強或更有效的止痛藥。當我再見到醫生時，我雖然坐著，但他來看我時，我雙膝已偷偷想跪下來告訴醫生：「你一定要救我，因為我每晚睡眠時，每吞一口口水就像五把刀刺進喉嚨，這種日子我過不下去啊！」醫生安慰道：「尊敬的高大哥，我看了你的喉嚨，完全沒有甚麼特別的異狀，因為你得過血癌，你的免疫也比較低，所以我這不能給你任何協助，我只能先給你開些普拿疼的止痛藥，我建議你回榮總看血液腫瘤科」，聽完醫生的話，差點昏了。

我二月一日離開榮總，一副天下我獨行，西醫化療無效論的豪情浪子，人生已找到生存之道的模樣，現在怎麼為了一點小喉嚨痛就返院求救，為了面子，又因為無助，突然想起張淡生及涂執行長介紹的台北醫學院血液腫瘤科戴主任。於是當天下午我立刻和趙小姐到台北醫學院掛急診，因為我非常疼痛，所以急診室值班醫生給我注射了強烈止痛劑，並給我用了一些抗生素，經過四個小時的點滴及休息，我返家休養，等待翌日掛戴主任的門診。

第二天，戴主任非常熱心，他安排我先看耳鼻喉科的薛醫生，此刻我才知道診所如何能跟大醫院相比，薛醫生用內視鏡直接看到我的食道及喉嚨，她讓我清楚地看到我食道中有許多像米粒大的白色膿頭，以及喉頭有些地方黏膜受損，當然最重要的是她給了我超級止痛藥，所以我開始依賴她的藥和戴主任給的抗黴菌藥水，因為主任根據他的經驗法則，他相信我得了念珠球菌的感染，但不幸的是，我的藥物並沒有解除我喉嚨的痛苦。

我在疼痛時突然想起一位老友陳東陽醫生，每次我喉嚨痛，他都有辦法醫好我，我立刻去見他，週六的中午他非常忙碌，可是他仍非常關心的給了我一些藥，並安慰我：「高大哥黑貓白貓會抓老鼠的貓就是好貓，抗生素把你的病毒或黴菌能殺死，讓你舒服就OK了，放心！」，三天後我再去見他，表明情況不如預期，陳醫生開始建議我去馬偕醫院找他一位好友，並建議我喉嚨黏液應該做培養再對症下藥。

就在同時，我再度找到榮總婦產科的趙主任請他幫忙，他熱心地安排了振興醫院耳鼻喉科的張主任，張主任醫術高明，又發現我的胃有問題，而介紹我見胃科的蔡主任，此刻，我又因血紅素降到五點二，連走路呼吸都困難，而又住進台北醫學院輸血。出院後又去見榮總傳統醫學科吳主任，可惜當時我急於希望將喉嚨疼痛醫好，又希望白血球能從二點三萬降到一萬以下，可以說方寸已亂。

在我心中，我一直希望這是一個單純的喉嚨痛，但不懂為何喉嚨痛始終和胃部不適及缺乏食慾扯再一起？更讓人沮喪的是白血球過高，任何發炎指數又下不來，加上免疫系統出了問題，我又不願面對，結果八月十四日為了去機場接寶弟，我車上冷氣灌到心窩，當下猛烈咳嗽，咳到肋骨發炎，連坐著呼吸都萬般劇痛，唉！屋漏偏逢連夜雨，夜晚更是輾轉難眠，血紅素更悄悄降到五點一，我除了雙腿無力，夜晚又咳嗽不止，徹夜枯坐失眠。

燃燒吧，火鳥！

當時間到了要召喚我離去時，我相信我的精神會因為好朋友們一聲「燃燒吧，火鳥！」又再重生！

原本二〇一三年八月二十四日上午八點要去參加母娘壽誕，結果緊急叫了救護車，送到慈濟醫院進行緊急輸血。唉！此時的我不得不誠懇認真的來正視，即將面臨的幾個關鍵問題，因為能活會死，已近在眼前，那就快速把十個月的血癌就醫及內心轉折，做一深入探討吧！首先發現，任何人要死，無論快慢，說死就死，與宗教信仰或醫療技術無關，唯一有關就是他個人，也就是說，他時間到了，天意不可違。

第二，每個人在醫療過程中，都會出現三至五組甚至更多的貴人，給你指點協助，但最後選擇權在你手上，你選擇結果的對錯，與你個人無關，而在你的命運之神，當你運好，你選的就對，你的智慧是光明的。當你運弱，就是神佛不再庇佑你時，妖魔現形（你看不到），你就會被帶往地獄而不自知，或可說是你福報盡了，誤信魔道，這是你個人業力？第三，可算是生命中最可貴的真理，人的死亡是軀體，但精神可以不死，所以只要你能夠活下來任何多一天的時間，就應該相信達賴喇嘛所言「觀世音菩薩是最自私的」，因為觀世音永遠不為自己，而是終日觀世間疾苦，為眾生服務，贏得世人感恩。

聽起來觀世音不為自己，結果大家心中永遠尊敬觀世音，換言之，生命的最高價值就是，只要你願意奉獻自己，人們就永遠會感恩於心，而使「人的精神可以長久存活」，進而產生一個莊嚴且令人興奮的「人可不死」的生命觀。生病至今已是二〇一三年九月了，本來探病人很多，但大家也都回到工作岡位了，本想就這樣靜靜養病吧，沒想到我的好友企業家嚴凱泰，竟又請人挑了上好又大又圓的水果，給我打氣一番，這真是呼應我之前領悟到人生的定律：大企業家就是細心、窩心，並默默為朋友付出，這也是成功者的特質，他們每天奉獻，我相信最終也能讓自己留名百世，做到「人可不死」的生命之火。基於上述理念，人人不該再為自己，而應以有限的生命，為社會人群作無限可能的奉獻。

想想人的一生如果只有六十年，或更長一點的八十歲或一百歲，其實也是一眨眼就過了，那人生也未免太令人沮喪了，記得我讀文化大學在陽明山追女朋友的畫面，竟恍如昨日，剛出道唱「大眼睛」、「冬天裡的一把火」轉眼間也快四十個年頭了，如果六十四歲的我，認為自己能再活二十年是我生命最大的願望，其實這二十年不也是瞬間就走完了嗎？所以我們不能只圖這有限的生命，因為病痛或死神一旦來臨，你永遠會有一種時間短促的感嘆，或仍有滿腹遺憾及未了的心願。所以找出「生命不死」的究竟法則，才是現在活著的人的當務之急，也是最有意義的人生觀。

記住！人不會死，只要你真心愛過這世上的人，你永遠不會死。比方講，我雖然只是歌手，我就好好把歡樂獻給大家，當有一天我將要離開時，大家仍然快樂地穿著紅衣服，唱一首《燃燒吧！火鳥》，一個悲傷的場景，則剎那變得歡樂無比，死亡的恐怖與哀愁，及人們的不捨，會變成重重的喜悅，過去四十年多少生命的共同回憶，又栩栩如生地回到大家的眼簾，多浪漫啊！永恆不死的火鳥，大家仍然可以精神同在，這是一件神奇而真實的事情，也是可讓人們因為精神不死而對死亡完全沒有恐懼，成為生活自由自在之不二法門。

這兩個月我看到三個人走了，一個洪仲丘、一個林杰樑還有一位徐生明。洪仲丘在我而言，他是菩薩，犧牲自己救了國軍未來走向，二十五萬人為他上凱道找真相，他的家人應以他為榮，也該原諒那些不知天高地厚，本來只想修理他的阿兵哥們。想想洪仲丘之死對誰有益？答案是「沒有」，所以沒有人要他死，無論怎麼死，絕對是意外，也不需甚麼真相。其實本來就是要出他洋相，要整他，結果過了頭，鬧出命案，現在國防部長兩位部長下台，軍法制度也回歸司法了，一些過去冤獄也有機會翻案，仲丘功德無量，洪家應該接受弟弟成為菩薩的事實，家人對傷害弟弟的所有官兵，應將心比心，人家也有父母，也有小孩，抱著悲天憫人之心，希望法官從輕發落，這種格局及人生觀就可讓洪仲丘精神不死，社會大眾會永遠感念洪仲丘，但目前為止，洪家人表現得似乎平凡且狹隘，僅為一己之私，缺乏人生高度智慧，看不破生死觀，自然就產生「死是悲」、「活是喜」的凡人思想，這也將恐怕錯失了讓弟弟精神不死的榮耀流傳下去。

林杰樑，一位抗毒醫生，他長期透過媒體評論針砭政府食品衛生政策、宣導飲食安全健康觀念外，也經常前往雲林縣四湖、麥寮、台西多處義診。另外他也關心在火場中搶救人命的消防弟兄。二〇一三年七月新北市泰山區發生家俱行大火，兩名消防員殉職，林杰樑之子林泓楨曾為消防替代役役男，在泰山大火後即向台北市消防局表達父親想捐救命器，並說以後每年都會捐約價值新臺幣十萬元的救命器。消防局證實，林杰樑逝世前自費約二十萬元，購買四十八組救命器給消防隊。其實林杰樑生活平凡，加上台灣名醫太多了，但因為他們家四人太團結了，太多的愛，一句「來生也要做夫妻」，感動天下人。醫界及他公子願為他完成遺願，成立基金會繼續救人，使他變成「醫界大俠」，善名永存，這才是真正的人生，不死的人生，每年此時大家又會追思他的善行義舉。

至於徐生明堪稱台灣職業棒球史上最為傳奇的總教練，至今在中華職棒累積拿下超過七百勝，更曾率領味全龍寫下冠軍「三連霸」佳績。有場上「魔術師」美名的他，在擔任選手時期以「蝴蝶球」聞名，優異的表現曾讓他前往南韓業餘隊效力，並在韓國攻讀研究所，榮獲碩士學位。事實上，徐生明是中華職棒史上，最多勝的總教練，從青少棒開始嶄露頭角，一九七五年羅德岱堡青棒賽，飆出十六次三振，打破世界青棒賽紀錄，飄忽不定的蝴蝶球，就是他的招牌武器。用智慧打棒球，使他一路歷經成棒、職棒。

三十二歲展開執教生涯，因為脾氣耿直，被封為鐵血教頭，他帶兵嚴謹，卻也因為不向黑道組頭妥協，被人拿刀襲擊住院治療，傳奇一生，就像是台灣棒球史的縮影。如今教練徐生明突然離開，大家懷念他，把他「八十五」的球號，永遠專屬於他，打球前還為他哀悼一分鐘。棒球界兄弟，永遠記得他奮戰精神，生命價值何止這五十五歲，而是永恆的光芒。

除他們三人讓我有感而發外，前段時間，一篇不大的報導，寫兩岸導演要拍部戲，戲名叫《溫世仁》，二〇〇三年他的告別式在台北國父紀館館舉行，當日冬天的台北，突然溫暖了，四面八方人潮，來為他送行，而中國大西北甘肅黃羊川，白雪皚皚的祁連山頭，萬人長歌，零下二十度的熱淚，也追悼這個人。沒人相信，那個「扶貧大俠」，那個網路先知的「明日先生」，可以活在過去、也可以活在未來。其實，英業達副董事長溫世仁看待生死十分豁達，只是從舞台這邊跳到那邊。在他的生命軸線上，未來即是現在，現在即是未來。但眾人仍不住地落淚，因為大家知道，這一別，也是跟偉大的夢想者道別。因為沒有一個人會傻到，努力奔走，出錢出力，只是要讓人類告別貧窮。

溫世仁一生最想做的一件事，就是用網路，讓八億中國農民找到希望的平台，告別貧窮。在溫世仁心中，世界上只有一種人，就是需要關心的人。他的大兒子溫泰鈞說：「他不只是我的父親，也是很多人心目中的父親。」同樣也是有限的五十五歲，但這數字卻昇華到永恆，令人慨歎驚呼！不錯，這就是不死的人生觀，人真的可以不死。現在他的大名，竟變成一部戲名，溫世仁真的流傳下去了。至於台東賣菜阿嬤陳樹菊捐錢助人的故事，相信也會流傳後世，多麼可愛的人呀！大家一起盡分心力，就可讓你的精神被曾受你恩惠的人世世代代的追思感恩。

未來的我，無論能活一天或一年，我將全力付出我的力量，服務社會人群，當時間到了要召喚我離去時，我相信我的精神會因為好朋友們一聲「燃燒吧，火鳥！」又再重生，而且別忘了我的墓誌銘「這裡埋了一個不會死的人——高凌風」。

後記

本書於二〇一三年九月九日完稿，接著，我於九月十二日赴廈門，考察瞭解生病期間投資的「廟口老奶奶冰店」及號稱台灣第一位明星在鼓浪嶼的店「高凌風鐵路便當」；並研議如何將店面拓展，希望以此為起點，逐漸擴大餐飲事業版圖。各位，雖然血癌煎熬著我的身體，但那一份生命底層的強盛毅力，仍還是旺、旺、旺！

上帝的『終極底牌』，我從病中痛中體會『快樂夢想』！

當有快樂夢想的時候，身體會產生一種激素；目前我在享受中！

早期我與幾位巨星的合照

勵志雲 11

火鳥

出 版 者／雲國際出版社
作　　者／高凌風
總 編 輯／張朝雄
封面設計／黃聖文
排版美編／YangChwen
內文校對／耿立予
出版年度／2013年11月初版
　　　　　2013年12月一版五刷

發帳號／50017206 采舍國際有限公司
（郵撥購買，請另付一成郵資）
彎出版中心
址／新北市中和區中山路2段366巷10號10樓
京出版中心
址／北京市大興區棗園北首邑上城40號樓2單元709室
話／（02）2248-7896
真／（02）2248-7758

全球華文市場總代理／采舍國際
地址／新北市中和區中山路2段366巷10號3樓
電話／（02）8245-8786
傳真／（02）8245-8718

全系列書系特約展示／新絲路網路書店
地址／新北市中和區中山路2段366巷10號10樓
電話／（02）8245-9896
網址／www.silkbook.com

火鳥／高凌風著. -- 初版. -- 新北市：雲國際, 2013.10
面；　公分
ISBN 978-986-271-425-6（平裝）
1.高凌風 2.歌星 3.臺灣傳記
783.3886　　102019796